湖岸
Hu'an publications®

湖岸®
Hu'an

# Connaissez-vous Paris?

# 您了解巴黎吗?

Raymond Queneau

[法] 雷蒙·格诺 著
樊艳梅 译

中信出版集团 | 北京

**图书在版编目（CIP）数据**

您了解巴黎吗? /(法)雷蒙·格诺著;樊艳梅译
.-- 北京:中信出版社, 2020.4
ISBN 978-7-5217-1217-9

Ⅰ.①您… Ⅱ.①雷… ②樊… Ⅲ.①巴黎—概况
Ⅳ.①K956.55

中国版本图书馆CIP数据核字(2019)第254644号

**Raymond QUENEAU**
*CONNAISSEZ-VOUS PARIS ?*
Edited by Odile Cortinovis and on an idea from Emmanuël Souchier
With a postface by Emmanuël Souchier


**您了解巴黎吗?**

著　　者:[法]雷蒙·格诺
译　　者:樊艳梅
出版发行:中信出版集团股份有限公司
（北京市朝阳区惠新东街甲4号富盛大厦2座　邮编　100029）
承 印 者:三河市紫恒印装有限公司

开　　本:787mm × 965mm　1/32　　印　　张:6　　字　　数:81千字
版　　次:2020年4月第1版　　印　　次:2020年4月第1次印刷
京权图字:01-2019-8034　　广告经营许可证:京朝工商广字第8087号
书　　号:ISBN 978-7-5217-1217-9
定　　价:39.00元


服务热线:400-600-8099
投稿邮箱:author@citicpub.com

# 目录

# 前言

## 您了解巴黎吗？[1]

1 这篇文章于 1955 年 7 月发表在杂志《服务》（*Service*）上，署名是“雷蒙·格诺，龚古尔学院”。《服务》这本杂志是关于交通的技术性杂志，它开设了文化专栏，布莱兹·桑德拉尔（Blaise Cendrars）、奥斯卡·王尔德、雷蒙·格诺等人曾为这一专栏撰稿。——原书注（即原编者注，前言后记脚注同）

在生命中的某个时期（直到现在也是如此），我偶尔会为了摆脱经济上的困难，绞尽脑汁搜寻各种“好点子”，用通俗、过时的说法，为了“改善生活”，换言之：为了“增加收入”。比如，办一份以统计方式预测赛马结果的折页刊物。这是我曾经深思熟虑的一个计划，其他的计划则一直原地踏步，没有任何进展。某一天，忽然之间，咚！我一下子想到一个绝妙的“点子”。坦白地说，费了不少时间才走到这一步。三年前，我开始去看精神分析师，每周五次，目的是为了使自己摆脱一种糟糕的状态：我无法管理自己的事务。不扯远了……说实话，我不曾想到那个点子会那么棒，我迅速把它提交给了《不妥协报》（*L'Intransigeant*）。我很满意，也很意外，因为这份报纸［当时的主编是勒内·德朗热（René Delange）[1]，他后来

1 这位勒内·德朗热先生在 1938 年终结了格诺的专栏。1941 年 6 月，《不妥协报》停刊一年后，同样是这位先生创办了周报《演出》，这份报纸被认为是当时巴黎通敌组织的文化窗口。值得注意的是，1936 年，《不妥协报》被当时最强大的出版传媒集团普鲁沃集团（Groupe Prouvost）收购。这一集团创办了《嘉人》（*Marie-Claire*）杂志，格诺在《生命中的星期天》（*Le Dimanche de la vie*）中提到过这本杂志（见后记）。

去周报《演出》(*Comœdia*)做了主编]竟然欣然采纳了我的“点子”。更加令人满意的是，他们还愿意支付一笔在当时看来非常可观的稿费给我。

回到当时的那个想法，其实很简单——但是“简单”恰恰是绝妙想法的根基——每日向报纸的读者提三个关于巴黎的问题。他们可以在刊登小广告的那一页找到答案——这样巧妙的安排是为了让读者去看那些小广告，这可不是我想出来的。不多久，这个计划就付诸实践了。

很显然，这些与巴黎相关的问题不能过于稀松平常，但是也不能过于生僻古怪。《您了解巴黎吗?》，根据编辑部的意见，我为这个专栏选了这个标题。香榭丽舍大街是否通向星形广场? 埃菲尔铁塔的高度是否超过了299米? 如果问诸如此类的问题，那就很无趣。但是，如果是这样的问题，比如，亨利·庞加莱（Henri Poincaré）曾住在哪里，罗兰·佩蒂（Roland Petit）的父亲开的餐馆在哪条街上，则显得太难了。要知道，罗兰·佩蒂当时才十几岁。于是，我便选择一些难易适度的话题，比如圣热尔韦广场（Place Saint-Gervais）上的榆树或者雅里十字架断头路（Impasse de la Croix-Jarry）。我当时觉得自己比较了解巴黎，但是，在研究这些问题的时候，我发现不仅自己不了解巴黎，而且几乎没有人能够声称自己完全了解巴黎。我完全不知所措，于是开始研究罗什居德（Rochegude）出版的关于巴黎街道的书——如今它已经被伊莱雷（Hillairet）出版的另一本书替代。[1]虽然两本书之间只隔了不到30年，但是罗什居德曾经见到的很多事物如今已经消失了——就这

1 罗什居德侯爵在1910年出版了《漫步在巴黎每个区的每条街》（*Promenades dans toutes les rues de Paris par arrondissement*）。1923年，莫里斯·迪穆兰（Maurice Dumoulin）对这本书进行重编，以《老巴黎游览实用指南》（*Guide pratique à travers le vieux Paris*）为题再版［E. 尚皮翁（E. Champion）编辑］。1935年，雅克·伊莱雷（Jacques Hillairet）接着以《巴黎街道历史词典》（*Dictionnaire historique des rues de Paris*）为题再版了这本书（午夜出版社），并且它一直都是权威著作。格诺当时想要出版一本《巴黎编年史》，希望在这本书中纠正自己在漫游巴黎时发现的同行的错误，但并未完成。

么消失了，不知不觉，没有发生革命也没有轰炸。所以，如果现在我把那些文章重新编成一部（想象的）文集，那么我可能会发现，我曾经介绍过的那些事物或者推荐过的游览地也已经消失殆尽了……

……曾经的巴黎再也不存在了
（唉！城市的模样比人心变化更快啊！）

这是波德莱尔的诗句，一位当代人士这样评论道：

您所爱的巴黎
并不是我们所爱的巴黎
我们不慌不忙地走近
终将忘记的城

地形！路线！

在这座城市漫游！

铭记古老的钟点！

然而记忆如此贫乏……

面前没有任何地图

再也没有人懂得我们

因为这一切不过是游戏

是对逝去时光的遗忘

（如果不偶尔引用一下自己的作品，那还有谁会引用？[1]）

在撰写《您了解巴黎吗？》这个专栏的文章时，我当然没有一丁点儿怀旧的情绪。我在意的只是不要触及过去或者当时不准确的信息。关于当时的情况，其实很容易了解，只需要去核实一下罗什居德提到

1 格诺极其喜欢这首题为《安菲翁》（*L'Amphion*）的诗歌，这是他在1923年写给让·皮埃尔（Jean Piel）的。他在1936年出版的自传小说《最后的日子》（*Les Derniers Jours*）中引用了这首诗；1943年出版的诗集《眼中之海》［*Les Ziaux*，ziaux这个词是格诺自己造的新词，是les yeux（双眼）和les eaux（水）两个词的合音——译者注］中也有这首诗；1949年，国际艺术交流协会（Cercle d'échanges artistiques internationaux）出版的《巴黎年鉴2000年》（*Almanach de Paris An 2000*）收录了这首诗；《假如你想象》（*Si tu t'imagines*，1952）又收录了这首诗；1953年，格诺在广播节目中评论了这首诗；之后，在1955年7月的《服务》中，他再次引用了这首诗。

的那些奇妙之处是否还存在。唉，我真不愿意这么说，它们中的大部分都已经消失了！尤其是第一次世界大战开始前不久的一个版本里提到的那些煤气灯！我曾在好几个编号为10往后的数字的区寻找那些煤气灯，当时，那些区还完全是“郊区”呢。我不知道，如今我们是否还可以在塞纳省找寻到煤气灯的影子——的确，香榭丽舍大街在1955年的5月还有煤气路灯！这样的落后却并没有刺痛巴黎人……

因为罗什居德的那本书，我去探寻巴黎的许多地方，其中最早去的一个地方是雅里十字架断头路，当时它已经非常有名了。它从瓦特街（Rue Watt）起始，近似维希含片（pastilles de Vichy）的八角形，位于13区一个不起眼的角落里，与奥斯特利茨火车站（Gare d'Austerlitz）和意大利广场遥遥相对。在当时我所有标记出的巴黎胜地中，这条小路是鲜有的几个维持原貌的地方。今年年初，我和鲍里斯·维昂（Boris Vian）再次去了那里，他也十分赞同我的观点，这条小路整体风格颇有味道。当时，我还邀请画家埃利·拉斯科（Elie Lascaux）[1]去那里，他支起画架，画了好些流浪汉和乞丐：他也赞同我的观点，这个地方很不错。

不是自夸，我的这个专栏当时取得了不小的成功。它前后持续了两年多。每天向读者提三个问题，加起来一共有2000多个问题——从来没有重复，仅弄错过一次：我声称1区没有电影院，但是我忘记了旺多姆（Vendôme）电影院。是日，一位戴圆顶礼帽的先生来到报社，要求拿奖励金，他以为报社会奖励发现错误的读者。当他得知根

1 埃利·拉斯科是格诺的朋友，也是他儿子让-马里（Jean-Marie）的教父，著名艺术商人达尼埃-亨利·坎魏勒（Daniel-Henry Kahnweiler）的连襟。1937年，他画了一幅很小的油画，题为《雅里十字架街》[22厘米×27厘米，见于《雷蒙·格诺看巴黎》（« Raymond Queneau. Regards sur Paris »），《雷蒙·格诺研究》（*Cahiers Raymond Queneau*）第6期，C. 拉梅伊（C. Rameil）、E. 苏希耶（E. Souchier）编，1987]。

本没什么奖励金后，十分失望。

而且，读者们会合作。有时，他们的问题把我引向非常有趣的问题，有时，他们自己会向我提供答案。有这样一件事。在一条看起来十分令人讨厌的街上［我称之为“图尔比戈街”（Rue Turbigo）］，有人为我指出一座表面看上去平淡无奇的建筑，豪斯曼（Haussmann）风格，但是它的外立面上——如果观察足够仔细——装饰着一面三层楼那么高的浅浮雕，上面画着一个有翅膀的天使，手里拿着一个“袋子”。这是为了纪念房屋主人曾经做过的一个预言性的梦。一天晚上，他在梦里见到这个手里拿着“袋子”、长着翅膀的天使。第二天，他就中了乐透彩票。拿到奖金后，他就造了这座房子。为了纪念天使，他要求建筑师在房屋的外壁上呈现这个天使。

不久之后，只有这样的事才会引起我的兴趣。我在巴黎又发现了四五件类似的趣闻，没有其他人注意过——而且，从那之后，再也没有人告诉过我这样的趣事了。对于年代更加久远的事，就没有这么顺利了。去过几次法国国家图书馆后，我就明白，大部分关于巴黎的书都是相互借鉴的。一些年代久远的错误虽然这几年已经被修正，但是依然存在于书中，只要稍稍有一些“历史方法”，就可以清除这些毫无意义的错误以及拖沓的含混其词。直到现在，我依然看到这些错误一次次出现在业余爱好者的专栏里，带着一种苦涩的满足感，可真是“名副其实”的阴魂不散哪！

研究过程中，我也明白了，没有什么比当代史更琐碎更难解的事了。比如，明确第一个电话交换局的位置并不是我们想象中那么简单的事。与我一样的专栏作家给出的日期在1870年之后都被证明是错误的。

然而，绝对不可以认为我对巴黎的古迹毫无兴趣。我标出了所有高卢罗马时期的古迹、墨洛温王朝的古迹以及18世纪的建筑，的确，在此之后，我全凭兴致行事。19世纪的建筑吸引我，我在它们身上发现了一些微妙的差异。之后，我又关注现代风格建筑——吉马尔（Guimard）的作品。他也是地铁站设计师，他的一件杰作刚刚被拆毁，而它的价值完全抵得上17世纪某个平淡无奇的房子。

最终，甚至是城市中的空地也吸引我，我费尽心思弄清楚它们的历史。在我看来，没有什么比巴黎旧城墙的遗址或者13区某条被遗忘的街道上的花园小楼更值得关注了。之后，编辑部换人，或许也是因为读者厌倦了，这份工作也就此结束。

我列出了路程最长的公交车路线、地下最深的地铁站，指出了街道以及下水道的改变、最后一条索道的特性……我走过了1区到10区所有的大街小巷，不曾遗漏一座房子，其余的区我也走过了好些街道……就像是曾经的慕尼黑，留存下来的那么少。许多年里，我从未离开过法国，然而，不久之后，我心想：好奇怪，感觉像是做了一次非常非常漫长的长途旅行。

我曾游过巴黎。

雷蒙·格诺

龚古尔学院

《服务》，1955年7月

# 关于本书的说明

《您了解巴黎吗?》是《不妥协报》于1936年11月23日至1938年10月26日开设的一个专栏，每天给出关于巴黎的三个问题以及答案。在本书中，我们大约选取了2102个问答中的四分之一［奥迪勒·科尔蒂诺维斯(Odile Cortinovis)根据埃马纽埃尔·苏希耶(Emmanuël Souchier)的观点对文本进行了选择、介绍与注释］。选择的主要原则是作家所提供的信息在今天是否依然准确。实际上，巴黎众多的特性在1930年以后都消失了。

# 您了解巴黎吗？

1 ● 普莱纳-蒙索公墓位于巴黎的哪个地方？卡米耶·德穆兰和露西尔·德穆兰夫妇、丹东、拉瓦锡、罗伯斯庇尔、圣茹斯特等人就安葬在那里。[1]

2 ● 拉雪兹神父是谁？

3 ● 蒙苏里公园的气象与天文观测站前身是什么？

4 ● 圣米歇尔大道一开始叫什么名字？

5 ● 从巴黎哪一座建筑顶上我们至今可以看到法国大革命时期炮弹留下的痕迹？

6 ● 哪些街道的名字被市议会用同音异义的手法改掉了？比如，丹费尔街被改成了当费尔-罗什罗街。[2]

1 这都是法国大革命时期的历史人物，均于 1794 年被处死。——译者注（正文脚注同）

2 “丹费尔”（d'Enfer）与“当费尔”（Denfert）法语发音相同，但意思不同。丹费尔街字面意思是“地狱街”。当费尔-罗什罗街则是为纪念法国军官皮埃尔·菲利普·当费尔-罗什罗（1823—1878）。1870 年 10 月至 1871 年 2 月，他在普法战争期间的贝尔福保卫战中领导法国人抵抗普鲁士人。

1 ● 1794年3月20日，“包税人之墙”[1]（位于库尔塞勒大道）、蒙索公园、蒙索街以及罗谢街之间的空地被改建成了公墓。在那里安葬着卡米耶·德穆兰和露西尔·德穆兰夫妇、丹东、拉瓦锡、罗伯斯庇尔、圣茹斯特等人。1797年，这片土地又被改作他用。

2 ● 拉雪兹神父是路易十四的告解神父。他曾经有一间公寓位于如今拉雪兹公墓所在地的耶稣会士之家。

3 ● 它的前身是1867年世界博览会的突尼斯馆。

4 ● 它最初的名字是塞瓦斯托波尔大道（左岸段）。1856年到1867年间，它一直叫这个名字。

5 ● 的确有这样一座建筑，从那里至今都可以看到法国大革命时期炮弹留下的痕迹。这座建筑就是圣罗什教堂。共和历四年葡月十三日，在教堂的台阶上，拿破仑·波拿巴命人射杀了造反的保皇党人。

6 ● 以同样的方法，沙尔庞捷街（6区）改名为帕普－卡尔庞捷街，德拉封丹街（16区）改名为拉封丹街，拉克洛瓦小路（帕西区）改名为德拉克洛瓦街。[2]

1 1784年，当时身为包税人的拉瓦锡为了控制本地区的走私，受命沿库尔塞勒大道建起阻隔墙。这堵墙由是被称为“包税人之墙”。

2 这些都是音近义异的例子。沙尔庞捷街字面意思是“木匠街”，帕普－卡尔庞捷则是指法国教育家、女性主义者玛丽·帕普－卡尔庞捷（1815—1878）。“拉封丹”作为普通名词意为“喷泉”，与法国诗人让·德·拉封丹的姓是同一个词。拉克洛瓦小路（Chemin de la Croix）直译为“十字架小路”，de la Croix的发音与法国画家欧仁·德拉克洛瓦（1798—1863）的姓氏Delacroix相同。帕西区是巴黎16区的别称。

7 ●巴黎证券交易所的建造者是从哪一座历史遗迹获得了灵感?

8 ●梅尼蒙当小河流经了哪些地方?

9 ●高乃依、拉辛和布瓦洛葬于何处?

10 ●瓦诺是谁?

11 ●在哪一座教堂可以看到维克多·雨果捐赠的用贝壳做成的圣水缸?

12 ●如今在巴黎还保存着一块1731年设立的界石,它标志着两块领地之间的界线。这块界石位于哪一座名人故居的后面?

7 ● 巴黎证券交易所的建造者是从罗马的韦斯巴芗神殿获得了灵感。它于1808年到1827年间建成，两侧的建筑是1908年新加的。

8 ● 梅尼蒙当小河发源于骑士圣殿，穿过圣马丁、圣德尼两个地区，沿着拉博埃西街一直向前，直到最后在阿尔玛广场注入塞纳河。早在15世纪，它就被用作下水道。18世纪时，1737年到1740年间，这条河得到整治；后来它又被改建成一条运河；最终，在18世纪末，它被彻底填埋。

9 ● 高乃依、拉辛和布瓦洛分别葬于圣罗什教堂、圣埃蒂安迪蒙教堂和圣日耳曼德佩教堂。

10 ● 瓦诺是巴黎综合理工大学的一名学生，他于1830年7月29日攻打巴比伦街49号的巴比伦营房时被杀害。

11 ● 在圣保罗-圣路易教堂可以看到雨果在第一个孩子洗礼时捐赠的贝壳圣水缸。

12 ● 在巴尔扎克故居后面，贝尔东街24号，可以见到1731年设立的界石，它标志了帕西与欧特伊两个领地之间的界线。

13●星形广场凯旋门上面记述了多少次战争?

14●阿尔科莱桥的名字从何而来?

15●协和广场上的两座喷泉代表了什么?

16●美国广场与牙齿有着怎样的有趣故事?

17●蒙索公园的文艺复兴风格连拱廊是从哪一座建筑搬移过来的?

18●克利希广场附近的杜奈特死胡同有什么故事?

13 ●星形广场凯旋门上面刻有128次战争的名字。

14 ●阿尔科莱这个名字并不是为了纪念意大利的小镇阿尔科莱，而是为了纪念1830年7月28日在这座桥上被杀害的一位年轻人，当时他正把三色旗插到桥上。这并不是他的真名，只是，当他冲上桥去的时候，他这么说："如果我死了，请你们记住，我的名字叫阿尔科莱。"

15 ●协和广场上的两座喷泉分别代表河运与海运。（它其实模仿了罗马圣皮埃尔广场上的两座喷泉，但是那两座喷泉没有这样的含义。）

16 ●美国广场上矗立着霍勒斯·韦尔斯的雕像，他是一位美国外科医生，是他第一个在牙科手术麻醉中使用笑气。

17 ●蒙索公园文艺复兴风格的连拱廊原来属于巴黎的老市政厅。

18 ●杜奈特死胡同（18区）的名字来自一个同名的省份。拿破仑一世时期，该省首府是安特卫普。

19 ● 在5区哪一座房子上呈现着行善者圣朱利安传奇故事中的某一个场景?

20 ● 巴黎最短的街是哪一条?

21 ● 有些人因为自己的名字难听，会换掉名字中的一个字母，让名字更好听。16区哪一条街的街名也进行了类似的处理?

22 ● 骑兵竞技广场是何时竣工的?

23 ● 巴黎最古老的教堂是哪一座?

24 ● 猴子小巷位于哪个位置?

19 ●嘉德兰街42号（5区）的房门上方有一块14世纪的浅浮雕，呈现的正是行善者圣朱利安传奇故事中的一幕场景。

20 ●巴黎最短的一条街是台阶街（2区），长度不足7米。

21 ●16区的韦尔德雷街以前的街名听起来很难听。后来替换了第一个字母，才变成了现在这个街名。[1]

22 ●骑兵竞技广场的建造工程始于1869年，直到1908年才完工。

23 ●巴黎最古老的教堂是圣日耳曼德佩教堂，西塔楼的主体建于11世纪。罗马教皇亚历山大三世于1163年为教堂落成献词。

24 ●猴子小巷起于圣殿老街43号，止于纪耶隐修士街6号，而纪耶隐修士街以前就叫作猴子街。[2]

1 韦尔德雷街的原街名拼写为 Merderet，是骂人的粗话。

2 纪耶隐修士是指追随圣纪尧姆（Saint Guillaume）的隐修士。

25 ●为什么孚日广场在1799年开始用这个名字?

26 ●1800年香榭丽舍大街有几座独立的建筑?

27 ●巴黎有一处青铜铺路石。它位于哪个位置?

28 ●苏尔迪小街位于哪个位置? 它有什么特别之处?

29 ●在穷人圣朱利安教堂附近我们可以看到怎样的罗马文明遗迹?

30 ●竖石街位于哪个位置? 它的名字从何而来?

25 ● 1799年，原来的皇家广场改名为孚日广场，这是为了纪念孚日省，它是第一个悉数缴纳税款的省。

26 ● 6座，包括52号的马萨公馆（后搬移至天文台花园）、贝里街街角的朗雅克阁、对面街角的桑泰尔兄弟酒馆、79号的瑞士近卫军营房（所有这些建筑都已被拆除）等。

27 ● 巴黎圣母院广场正中心有一块青铜铺路石，法国所有道路都是以这块石头为起点开始测量距离。它设立于1924年。

28 ● 苏尔迪小街位于夏洛街与帕斯图雷尔街之间（3区），是巴黎最后几条路中央有泉水的小路之一。几年前，它还是由煤气灯照明。

29 ● 在这座教堂后面可以看到一块石板，它原属于罗马大道的巴黎至奥尔良段。1927年，在法兰西公学院前的圣雅克街上发现了这块石板。

30 ● 竖石街位于三边街与国王喷泉街（11区）之间。1782年挖路基时发现了一根史前巨柱。

31 ●巴黎的哪一个地方一直萦绕着关于慈善集市火灾的记忆?

32 ●欧特伊教堂对面的红色大理石金字塔是什么?

33 ●第一次战役街的街名从何而来?

34 ●蒸汽船发明者罗伯特·富尔顿留给巴黎的林荫大道[1]怎样的记忆?

35 ●巴黎古城墙拆除工程始于何时?

36 ●为什么巴黎圣母院的塔楼看上去有些许差异?

1 林荫大道（Grands Boulevards）特指巴士底广场（Place de la Bastille）至马德莱娜广场（Place de la Madeleine）之间相连的 11 条大道。

31 ● 让·古戎街23号的小教堂是专门用来纪念1897年5月4日发生的慈善集市火灾中罹难的人。

32 ● 欧特伊教堂对面的红色大理石金字塔是旧墓地遗留下来的，是司法大臣达盖索以及他的妻子安妮·勒菲弗·多梅松的墓碑（1753年）。

33 ● 塔波尼耶将军是第一次战役街附近一带的土地所有者。他之所以给这条街取这个名字，是为了纪念他在维桑堡参加的第一次战役。

34 ● 1800年，蒸汽船发明者罗伯特·富尔顿在林荫大道上展示了世界各地中心城市的全景图，这段拱廊街由此得名“全景廊街”。1831年这些图景全部消失。

35 ● 巴黎老城墙的拆除工程始于1919年4月。

36 ● 巴黎圣母院的塔楼并不完全一样，因为只有主教座堂才可以拥有一模一样的塔楼，而巴黎直到1622年才成为总教区。

37 ●巴黎街道目前的编号始于何时?

38 ●“撒玛利亚”是什么?

39 ●马里桥的名字从何而来?

40 ●巴黎第一座用煤气照明的建筑是哪一座?

41 ●哪一座博物馆虽然不在法国本土但是属于巴黎市政府管辖?

42 ●1726年，从巴黎的“边界”至下一个城市之间禁止建造任何建筑。这块标记巴黎“边界与外围”的石板位于12区哪一座房子?

37 ●巴黎街道目前的编号始于1805年。唯一的变化是，当时，与塞纳河垂直的街道编号应该是黑字赭底，而与塞纳河平行的街道则是红字赭底。

38 ●“撒玛利亚”是一座汲水设施，负责把（塞纳河的）水抽到右岸。它建成于亨利四世时期，在西岱岛的新桥附近。

39 ●马里是17世纪初法国桥梁建筑的承包商克里斯托夫·马里的姓氏，也正是他取得了之前提到的、至今还存在的洗衣船的建造权。

40 ●圣路易医院是巴黎第一座采用煤气照明的建筑。第一座煤气工厂于1818年建于某座楼里。

41 ●虽然在国外但是由巴黎市政府管辖的博物馆是根西岛高城居，它是位于圣彼得港的雨果故居。

42 ●在沙朗东街304号，我们可以看到一块始立于1726年的石板，上面记录着这样的文字——“紧急禁令：禁止在当前的边界线与下一个村庄之间再建造任何建筑”。

43 ● 有一位声名显赫的哲学家，他的头颅被保存在一座博物馆，他的身体则被保存在一座教堂。这位哲学家是谁？

44 ● 圣马丁运河建于哪一个时代？

45 ● 第二帝国末期，巴黎有多少座雕像？

46 ● 巴黎最古老的街心公园是哪一座？

47 ● 巴黎哪一条街的名字最简短？

48 ● 匈牙利女王小巷位于哪个位置？这个名字从何而来？

43 ●这位哲学家是笛卡儿。他的头颅被保存在自然历史博物馆，身体则安息在圣日耳曼德佩教堂。

44 ●圣马丁运河因1802年5月19日颁布的法令而开凿，但是直到1825年，它才被用于内河航运。

45 ●第二帝国末期，巴黎只有九座雕像：国家广场上的腓力二世雕像与路易九世雕像，新桥上的亨利四世雕像，孚日广场上的路易十三雕像，胜利广场上的路易十四雕像，旺多姆广场上的拿破仑一世雕像，黎塞留街上的莫里哀雕像，天文台大街上的奈伊雕像，克利希广场上的蒙塞雕像。[1]

46 ●巴黎最古老的街心公园是1856年建造的圣雅克塔楼街心公园。

47 ●丕街（20区）是巴黎名字最简短的街。

48 ●匈牙利女王小巷连接了蒙马特街和巍山街。大堂街区有一个女商贩，名字叫朱莉·贝舍尔。1789年，她就住在这条小巷里。她长得和匈牙利女王（玛丽亚－特蕾西亚）非常像，以至于某一天，玛丽－安托瓦内特看到她时，非常震惊。[2]大家给那个女商贩取了一个绰号叫“匈牙利女王”，这个绰号就成了她居住过的小巷的名字。

1 奈伊（1769—1815）和蒙塞（1754—1842）均为拿破仑的元帅。

2 法国国王路易十六的王后玛丽－安托瓦内特（1755—1793）是匈牙利女王玛丽亚－特蕾西亚（1717—1780）最小的女儿。

49 ●巴黎名字最长的一条路是哪条路?

50 ●拉罗谢尔街位于哪个位置?街名从何而来?

51 ●巴黎最窄的一条路是哪条路?

52 ●连接法兰西银行的旺塔杜尔辅道与舒瓦瑟尔拱廊街的地下通道是在哪种情况下挖掘的?

53 ●哪一座楼在1897—1898年度巴黎城市风貌大赛中获了奖?

54 ●塞万多尼街14号的门上雕刻了什么图案?

49 ● 巴黎名字最长的一条路是为法兰西而死的勇士作家街心公园路（16区）。

50 ● 拉罗谢尔街通向快活街。布朗热（拉罗谢尔的本姓）曾于1853年到1866年担任蒙帕纳斯剧院经理。至今仍然可以在蒙帕纳斯剧院的山墙上看到他的半身像。

51 ● 巴黎最窄的一条路是喷泉小巷（20区），长85米，宽仅0.9米。

52 ● 1898年，旺塔杜尔广场上的法兰西银行替代了原来的意大利剧院（也称旺塔杜尔剧院）。连接这一剧院与舒瓦瑟尔拱廊街的地下通道是路易·菲力浦[1]出于谨慎考虑，在建造银行地下室时，同时建造的。

53 ● 1898年，位于拉封丹街14号的新奇建筑贝朗热公寓在巴黎城市风貌大赛中获得嘉奖。这是建筑师埃克托尔·吉马尔的作品。

54 ● 在塞万多尼街14号可以看到一扇刻花木门，上面雕刻的是塞万多尼（圣叙尔皮斯教堂的建筑设计师）正在打开设计图的场景。

1 路易·菲力浦（1773—1850），法国七月王朝国王，1830—1848年在位。

55 ●布洛涅森林的名字从何而来？

56 ●哪一家糖果店还保留着最初建造时的风格？这家店成立于1800年。

57 ●巴黎有多少座凯旋门？

58 ●巴黎比较重要的大小教堂约130多座，有多少座建于法国大革命之前？

59 ●拿破仑的王座以及他加冕时所穿的斗篷现在被保存在哪个地方？

60 ●维利耶大街的名字从何而来？

55 ●腓力四世为了纪念他于1308年在滨海布洛涅圣母院的朝圣，命人在鲁弗雷森林建造了布洛涅圣母院。教堂的名字之后变成了这一片森林的名字。

56 ●1800年建于圣父街30号的糖果店是少有的几家至今还保留着当时那个年代（属于法国大革命时期）装修风格的店铺之一。

57 ●巴黎有四座凯旋门：圣德尼门（建于1872年，为了纪念路易十四在荷兰取得的胜利），圣马丁门（建于1674年，为了纪念蒂雷纳和大孔代两位元帅的胜利），星形广场凯旋门（又叫奥斯特利茨凯旋门），以及骑兵竞技凯旋门（又叫马伦戈凯旋门）。

58 ●在巴黎比较重要的130座大小教堂中，只有57座建于法国大革命之前。

59 ●王座被保存在参议院金书厅，斗篷被保存在巴黎圣母院珍宝室。

60 ●维利耶大街通向维利耶拉加雷讷。这个村庄位于塞纳河畔，面对着大碗岛，历史可以追溯到9世纪。讷伊是它下属的一个小村，18世纪时取代了它。维利耶的一部分归并于讷伊，另一部分归并于勒瓦卢瓦-佩雷。

61 特罗尼厄喷泉位于哪个地方?

62 巴黎唯一一座有圣坛屏的教堂是哪一座教堂?

63 圣德尼街(133号)与埃蒂安·马塞尔街(13号)相交处房子外立面上的雕像是从哪里来的?

64 哪一位国王把巴黎设立为法国的首都?

65 皮克皮斯门的地铁站为什么叫金门站?

66 同样,讷伊门的地铁站为什么叫马约门站?

61 ● 特罗尼厄喷泉建于1710年，这一古迹位于沙罗纳街与圣安托万城郊街的交界处。

62 ● 圣埃蒂安迪蒙教堂是巴黎唯一一座有圣坛屏的教堂。

63 ● 圣德尼街（133号）与埃蒂安·马塞尔街（13号）相交处房子外立面上的雕像来自以前圣雅克医院的教堂。这座医院于14世纪建立在此处。

64 ● 508年，克洛维将王国的首都设立在了巴黎。

65 ● 金门是皮克皮斯门的俗称。词源学上的意见并不统一：有些人认为在那个地方曾经有一座金色的城门；另一些人认为，之所以取这个名字，是因为这座城门位于万塞讷森林的边缘处。[1]

66 ● 与上一个问题中的情况不同，讷伊门与马约门本来就是两座不同的城门，马约门是布洛涅森林的入口。这座地铁站之所以取名马约门，是因为当时曾在那一带流行一种名为“马耶”的槌球游戏。[2]

1 “金色”（dorée）与“边缘”（d'orée）同音。

2 “马约”（maillot）一词是从“马耶”（mail）变形而来。

67 ●汉诺威阁位于何处？它变成了什么？

68 ●天文台大街44号有一座什么古迹？

69 ●天文台的建设有怎样的（传说性）特征？

70 ●格勒内勒这个名字从何而来？

71 ●沃日拉尔公墓有什么特色？

72 ●巴黎在哪个时期明确了不卫生街区的位置和数量？

67 ●汉诺威阁建成于1760年，后来被贝利茨宫在原址取代。不过，它得以在索镇公园重建，位于大运河的西边，八边形池塘的中轴线上。

68 ●天文台大街44号的古迹恰好位于基督慈善圣母花园，它过去是阿尔克伊引水渠的取水口建筑，从17世纪保留到现在的“景观”。

69 ●天文台建立于1667年到1672年间，由克洛德·佩罗设计。有些文人宣称这座建筑既没有用木头也没有用铁，但是这一说法纯粹是不符实际的想象。

70 ●格勒内勒的意思是“小小的野兔林”，墨洛温王朝之后属于圣女热纳维耶芙修道院的耕地。1823年，这块地被分成好几块。1830年，格勒内勒被设立为市镇，1859年被并入巴黎。

71 ●沃日拉尔公墓的一部分专门用来安葬荣军院的军人。

72 ●1918年，巴黎明确了17个不卫生街区。

73 ●乔治·比才街（16区）与罗吉尔·培根街（17区）这两条街是以何种方式被命名的？

74 ●免税布尔乔亚街与圣殿老街相交处的小塔是什么？

75 ●1826年2月2日，布里亚-萨瓦兰在哪一座房子里去世？

76 ●巴黎植物园建于哪一个时代？

77 ●1861年12月到1862年2月1日，理查德·瓦格纳住在哪一家旅馆（至今依然存在）？

78 ●鲁波街位于哪个地方？街名从何而来？

73 ● 乔治·比才街（16区）与罗吉尔·培根街（17区）本来的名字分别是比才街与培根街，是根据其所有者的姓氏命名的。加上名字之后，是为了专门纪念两位名人。注意，乔治·比才街，也就是以前的比才街，在1826年前叫作洗衣女工街，再往前推的话，叫回转栏小街。

74 ● 免税布尔乔亚街与圣殿老街相交处的小塔属于埃鲁公馆（始于16世纪）。还有另外一座小塔位于白衣市场街54号。

75 ● 1826年2月2日，法国历史上第一位美食家布里亚-萨瓦兰在黎塞留街与圣托马修女街相交处的房子里去世。

76 ● 巴黎植物园建于1626年。

77 ● 1861年12月到1862年2月1日，理查德·瓦格纳住在位于伏尔泰滨河路19号的沃格旅馆（现在叫作伏尔泰滨河路旅馆）。

78 ● 鲁波街从圣安托万城郊街（262号）延伸至蒙特勒伊街。安德烈-雅克·鲁波（1740—1791）是一位木匠，他是《木匠的艺术》一书的作者。

79 ●在巴黎什么地方可以看到一座15世纪的宅邸?

80 ●内勒塔的准确位置在哪里?

81 ●沃日拉尔街与利特雷街相交处的界石是什么?

82 ●在巴黎有两条叫作“云杉”的小巷，分别在哪里?

83 ●米什莱[1]（1874年2月9日在耶尔去世）生命最后几年所住的房子在哪里?

84 ●荣誉勋位街（14区）这个街名从何而来?

1　米什莱（1798—1874），法国历史学家、作家。原拥护君主立宪，后转而支持民主共和，著有17卷本《法兰西史》及其续编7卷本《法国革命史》。

79 ● 戈布兰街17号有一座房子，被错当成布朗什王后[1]的房子。它其实是15世纪的老房子，并于16世纪全部新建。

80 ● 法兰西研究院的马萨林图书馆阅览室所在地正是内勒塔的准确位置。

81 ● 位于沃日拉尔街35号的古老界石标志着离巴黎圣母院半古里[2]距离。

82 ● 巴黎有两条名为“云杉”的小巷：一条在14区，蒙帕纳斯大道76号；另一条在17区，云杉街25号。云杉街41号的普歇小巷，在1894年之前也叫作云杉小巷。

83 ● 达萨街76号有一块纪念牌。就是在这座房子里，米什莱（1874年2月9日在耶尔去世）度过了生命最后的几年时光。

84 ● 荣誉勋位街（14区）之所以得此街名，是因为这条街的主人曾是荣誉军团勋章获得者。

1 指法国国王路易九世的女儿法兰西的布朗什（Blanche de France，1253—1320），她嫁给了卡斯蒂利亚王国的王储。

2 1古里约合4千米。

85 ● 巴黎第一根避雷针设立在哪个地方?

86 ● 揭示地球转动的傅科摆实验第一次是在哪个地方进行的?

87 ● 圣叙尔皮斯广场6号的建筑有何特别之处?

88 ● 施特劳是谁? 他的名字被用于命名13区的一条街。

89 ● 巴黎哪些街被冠以丹费尔这个名字?

90 ● 红孩子街区的名字从何而来?

85 ● 第一根避雷针由本杰明·富兰克林设立在他于1777年至1785年居住的旅馆里，现在的雷努阿尔街66号。

86 ● 1851年，莱昂·傅科在他所居住的旅馆进行了揭示地球自转的傅科摆实验，旅馆位于达萨街28号。1868年2月11日，傅科在那里逝世。

87 ● 圣叙尔皮斯广场四周的房子应该是一样的风格。但只有一座房子是根据设计图（塞万多尼于1754年设计）建造而成，也就是6号的建筑。

88 ● 13区有一条街以施特劳这个名字命名。他是一位15岁的鼓手，1793年死于瓦蒂尼之战。

89 ● 当费尔-罗什罗街在1878年7月30日之前一直叫作丹费尔街。除此之外，蓝街也曾叫作丹费尔街（直到1789年2月14日）。追溯到更久之前，于尔桑街和圣马塞尔沟渠街也曾用过此名。

90 ● 在现在被称作“红孩子”的街区，曾经有一所名为“上帝之子”的孤儿院，因为孩子们穿红色的衣服，所以有了“红孩子”这个名字。

91 ●装饰无辜者喷泉的雕刻作品出自谁之手？

92 ●1673年2月17日，莫里哀在巴黎哪一座房子里逝世？

93 ●莫里哀拱廊街位于哪个地方？为什么得此名字？

94 ●3区哪些街的名字让人想起下水道暴露在露天场所的时代？

95 ●细致地观察，可以发现旺多姆圆柱建筑有怎样的神奇之处？

96 ●在哪个地方可以看到一块18世纪的石头标牌？它非常漂亮，上面是一位正在画日晷的天文学家。

91 ●通常大家都认为无辜者喷泉的装饰出自让·古戎之手。但实际上，只有北边、东边的雕饰以及西边捧着坛子的水神出自古戎之手。其他部分都由奥古斯丁·帕茹在1788年完成。

92 ●1673年2月17日，莫里哀在如今黎塞留街40号的一座房子里去世。

93 ●莫里哀拱廊街（圣马丁街157号）之所以得此名字，是因为1791年莫里哀剧院（之后改成了无套裤汉剧院）在此地成立。[1]

94 ●鹿桥小巷（3区梅莱街89号）的名字源于一座从某一个下水管道上方穿过的桥的名字，同样，圣马丁街324号的小木板死胡同也是一样的情况。（注意，这条胡同的尽头是圣马丁隐修院，以前是公共马车办公室）。

95 ●仔细观察旺多姆圆柱，可以发现整根柱子上有许许多多规整而狭窄的格子洞，这是为了照亮里面的楼梯。但走远一点儿根本就看不出来。

96 ●在寻午街19号，我们可以看到一块18世纪的石头标牌，上面是一位正在画日晷的天文学家。与普遍的观点不同，这条街的名字并不是因为这块标牌，其真正的出处没有人知道。

1　无套裤汉是法国大革命时期对城市平民的泛称，他们属于最激进的一派力量。

97 ● 巴黎的电话网是何时开通的?

98 ● 雅各宾俱乐部位于哪个地方?

99 ● 在哪里可以看到指示骑术院位置的石碑? 骑术院先后是制宪议会、立法议会以及国民公会的所在地。

100 ● 科勒特是谁? 他的名字被用于命名17区的一条街。

101 ● 费康街在哪里? 它的名字从何而来?

102 ● 1875年2月22日，柯罗[1]在哪里去世?

1 柯罗（1796—1875），法国画家，尤工风景画，创作方法对后来的印象派有重大影响。

97 ● 1879年9月8日，巴黎电话网开通。这是欧洲最早的电话网。

98 ● 雅各宾俱乐部的入口位于圣奥诺雷街，现在是圣奥诺雷市场街开始的地方。

99 ● 里沃利街杜伊勒里花园栅栏的一根柱子上，大约靠近斯蒂维耶雷堡街，可以看到一块牌子上写着骑术院的位置。正是在那里，先后成立了制宪议会、立法议会以及国民公会，直到1793年5月8日。

100 ● 17区有一条名为“科勒特”的街。科勒特是西部铁路公司的职员，1893年为了救一名旅客而牺牲。

101 ● 费康街连接了多梅尼大街和磨坊主街。这个地方以前叫作费坎谷或费康谷。沙朗东街就沿着曾经的河谷的走向。

102 ● 1875年2月22日，柯罗在鱼贩城郊街56号去世。

103 ● 巴黎哪一座教堂的别名是“灰渣圣母院”？

104 ● 中世纪时期的乌普萨拉学院位于哪里？这是专门为在巴黎大学上学的瑞典学生设立的学院。

105 ● 渡船街85号装饰着三角门楣的奇怪的外立面是怎么回事？

106 ● 圣奥诺雷门在哪里？

107 ● 巴黎哪一条通道最早设立了人行道？

108 ● 香榭丽舍大街一头有一座由纪尧姆·库斯图雕刻的马群像，为什么被称作《马尔利马群像》？

103 ●圣母领报教堂以前的别名是“灰渣圣母院”，因为它所在的佳音小丘是垃圾堆起来的。16世纪，这片区域重新划分，得了“灰渣新城”这个新名字。新城街的街名也是由此而来。

104 ●曲形街15号有一块纪念牌，上面写着瑞典学院（即乌普萨拉学院）的位置，这是1291年专门为巴黎大学的瑞典学生而成立的学院。

105 ●渡船街85号装饰着三角门楣的奇怪建筑是成立于1627年的改革派教士女修院的遗址。法国大革命时期，它成了舞厅。1798年，它成了国家胜利剧院。

106 ●圣奥诺雷门位于圣奥诺雷街161号。正是在那里，1429年9月8日，圣女贞德在攻城时受伤。

107 ●巴黎第一条设立了人行道的通道是新桥，设立于17世纪。

108 ●纪尧姆·库斯图雕刻的马群像在18世纪时位于马尔利饮水槽旁边，所以才会得此名字。1795年，它们被移到了香榭丽舍大街的一头。

109 ●在哪里可以看到吕泰斯[1]的高卢罗马围场旧址?

110 ●先贤祠中葬着哪一位意大利主教?

111 ●马尔加代街的街名从何而来?

112 ●拉雪兹公墓里的爱洛漪丝墓碑与阿贝拉尔墓碑是否真实?

113 ●在哪里可以看到爱洛漪丝与阿贝拉尔的故居?

114 ●巴黎哪一座教堂完全由铸铁构造?

1 吕泰斯是巴黎在高卢罗马时期的旧称。

109 ●西岱岛白鸽街6号，有一条石子铺成的线，这就是以前高卢罗马围场所在地的标记。该遗址发现于1898年。

110 ●米兰的红衣主教卡普拉拉于1810年在巴黎逝世，后被安葬于先贤祠。

111 ●马尔加代街的名字源自一个名字非常特别的村庄，1540年设立，被叫作“麦尔加德”或者“麦尔加代”，意思是“市场”。

112 ●拉雪兹公墓的爱洛漪丝和阿贝拉尔的墓碑由亚历山大·勒努瓦用各种碎片建造而成，他利用了圣德尼修道院的一些材料。至于爱洛漪丝的雕像，他沿用了12世纪一位女性的雕像，把它的脸改成了爱洛漪丝的脸。阿贝拉尔的雕像则完全真实，从原先靠近索恩河畔沙隆-圣马塞尔的墓地迁移过来。两座墓碑在1817年6月迁入了拉雪兹公墓。

113 ●花市滨河路9号有爱洛漪丝和阿贝拉尔故居。门上方小小的头像证实了这一名字的真实性。

114 ●圣欧仁教堂完全由铸铁构造——哥特风格，建于1864年。

115 ●经过一年的业务拓展，巴黎当时有多少人安装了电话？

116 ●巴黎第一座电话交换局在哪里？

117 ●克洛瓦-弗班街（11区）一端马路中间的五块石板是做什么用的？

118 ●克洛维塔楼从哪里来？

119 ●1755年3月10日圣西蒙[1]在哪里去世？

120 ●圣奥诺雷街115号1715年开张的药店有着怎样的传奇故事？

1 圣西蒙（1675—1755），法国贵族、作家，其回忆录详细记述了路易十四统治后期至路易十五即位初期的法国历史。

115 ● 1881年，经过一年的业务拓展，巴黎当时有1602户安装了电话。

116 ● 巴黎第一座电话交换局位于歌剧院大街27号。

117 ● 进入芝麻菜监狱对面的克洛瓦－弗班街时，可以看到五块石板，它们标志着以前绞刑架所在的位置。

118 ● 克洛维塔楼（位于亨利四世中学的院子里）是以前圣女热纳维耶芙教堂[1]的钟楼，教堂在1802年至1807年间被摧毁。这座教堂始于9世纪末，历经多次修复。塔楼本身建于12世纪。

119 ● 1755年3月10日，圣西蒙在格勒内勒街102号的房子里去世。

120 ● 圣奥诺雷街115号有一家1715年成立的药店。据说，费尔森[2]就是在这家店购买了墨水，给玛丽－安托瓦内特书写了爱意浓浓的秘密情书。

1 指圣女热纳维耶芙修道院（502年始建）所属教堂，不同于作为先贤祠前身的圣女热纳维耶芙教堂（关于先贤祠与圣女热纳维耶芙教堂名称的变迁，见第436—438则、第441则、第443则、第444则）。

2 费尔森（1755—1870），瑞典贵族，曾出入法国宫廷社交圈。

121 ●蒙马特圣伯多禄堂广场上的十字架从何而来?

122 ●法兰西科学院最初建立于何处?

123 ●乌尔街为何会得此名字?

124 ●圣塞弗兰教堂和海地共和国有何关系?

125 ●金色国王街(3区)这一街名从何而来?

126 ●1839年3月16日，苏利-普吕多姆[1]出生于哪里?

1 苏利-普吕多姆(1839—1907)，法国诗人，首位诺贝尔文学奖获得者。

121 ● 蒙马特圣伯多禄堂广场上的十字架属于以前位于马尔加代街29号的拉沙佩勒公墓。公墓建于1761年，1810年关闭。

122 ● 法兰西科学院于1659年成立于蒙莫尔公馆。这座房子至今仍存在于圣殿街79号。

123 ● “乌尔”（ours）其实是旧名oues的变体，意思是“鹅”。曾经，这条街两边都是烤肉店。

124 ● 圣塞弗兰教堂里安葬着贝特朗·多热龙，他在马孔－索邦街去世。“1664年至1675年，他在托尔蒂岛与圣多明各岛一群海盗、小偷中间着手建立了一个平民宗教协会”，这一协会“凭借上帝的神秘帮助，最终为海地共和国的成立做好了准备”。

125 ● 这条街的街名源于一家店的招牌，上面画着金色的路易十三半身像。

126 ● 苏利－普吕多姆在1839年3月16日出生于鱼贩城郊街34号。

127 ● 巴黎哪条路在17世纪被叫作“哈哈死胡同”？

128 ● 达吕街的俄国教堂始建于哪一个时期？

129 ● 第一座沙普发报机[1]设在巴黎的什么地方？

130 ● 泰尔纳街区的名字从何而来？

131 ● 香榭丽舍小园是指什么？

132 ● 王后喷泉位于哪里？

1　沙普发报机（télégraphe aérien），18世纪末期出现的一种信息传输装置。“电报”（telegraph）一词即起源于此。

127 ● 盖梅内死胡同（4区）在17世纪时被叫作“哈哈死胡同”。

128 ● 达吕街的俄国教堂始建于1859年2月19日，1861年8月30日正式开放。

129 ● 第一座沙普发报机于1793年由其发明者克洛德·沙普设在一座塔的顶上。这座塔位于蒙马特圣伯多禄堂后殿的穹顶之上，是专门为此而建的。

130 ● 泰尔纳街区的名字须追溯到14世纪。当时，有一座农场很出名，即艾斯泰尔纳农场，它位于现在凯旋门所在的位置。大家认为这个名字源自terra externa这个词，意思是“与邻近村庄相比离巴黎最远的土地”。

131 ● 香榭丽舍小园是位于协和广场、加布里埃尔大街、香榭丽舍圆形广场以及王后大道之间花园的官方名称。

132 ● 王后喷泉位于圣德尼街142号。可能要追溯到腓力二世时期。它于1642年与1732年两次重建。

133 ●哪一条大道只有6米宽，并且它与另一条大道只隔着一道栅栏？

134 ●17区发现了哪些矿泉水泉源？

135 ●1842年3月23日，司汤达在哪里去世？

136 ●蒂博镇街的街名源于何处？

137 ●圣路易医院建于何时？

138 ●卡弗利耶雕刻的帕斯卡雕像位于哪个地方？哪一项科学发现让人联想到这个地方？

133 ●马尔博大道（16区）只有6米宽，它的一头走不通。偶数门牌号从30号开始到38号结束；奇数门牌号那一侧是一道栅栏，将它与布吕克斯海军上将大道隔开。

134 ●德穆尔街（21号）以及索福卢瓦街（11号）曾经发现过与昂吉安矿泉水相似的泉源。但是这两处泉源都已枯竭。

135 ●1842年3月22日，司汤达在嘉布遣会修女林荫大道43号忽然中风倒地。那里当时是外交部所在地。第二天他在小田新街也就是现在的小田街78号的住处南特旅馆去世。

136 ●源于蒂博镇（4区的一条街至今还沿用这一名字），更准确地说源于蒂博·勒里什镇。它原属巴黎市郊，因为腓力二世围猎场的建立，被纳入了首都的行政版图。

137 ●圣路易医院由亨利四世建于1607年。它主要收治患鼠疫的人。

138 ●卡弗利耶创作的帕斯卡雕像位于圣雅克塔楼底楼天花板拱顶石下方。1648年，帕斯卡正是在那里验证了托里拆利的气压实验。

139 ●除了无辜者喷泉，1区还有哪一座喷泉是由让·古戎装饰的？

140 ●卡特朗草地的地名从何而来？

141 ●1918年3月26日，德彪西在哪里去世？

142 ●巴黎城的纹章是怎样的？

143 ●巴黎圣母院的尖顶始于哪个时期？

144 ●1827年3月27日，利昂古的拉罗什富科公爵在哪里去世？他是法国国立高等工程技术学校的创立者。

139 ● 在圣奥诺雷街与枯树街的拐角处可以看到特拉瓦尔喷泉（16世纪），这也是由让·古戎装饰的喷泉。

140 ● 卡特朗曾是路易十五时期狩猎区的看门人。这就是为何会有卡特朗十字架以及卡特朗草地。有传说故事把这位卡特朗描述成中世纪的游吟诗人，这其实是一种浪漫的想象。

141 ● 德彪西于1918年3月26日在布洛涅森林街心公园路24号去世。不远处矗立着一座他的纪念碑，路也以他的名字命名。

142 ● 用纹章学的术语来描述巴黎城的纹章图案："中心部分，装备齐全的银色海船航行在同一种颜色的海浪上，上方是天蓝色的横条，上面印着金色的百合花，这是以前法兰西王室的象征。"

143 ● 巴黎圣母院的尖顶是维奥莱-勒-迪克的作品，他是教堂修缮工程的负责人。尖顶于1860年完成。

144 ● 法国国立高等工程技术学校的创立者利昂古的拉罗什富科公爵于1827年3月27日在皇家街9号的宅邸里去世。

145 ●哪一年开始，巴黎的路名被系统地标注在街道拐角处？

146 ●库尔塞勒街的街名从何而来？

147 ●和平喷泉位于何处？

148 ●协和桥最后完工时用的是什么材料？

149 ● 1908年到1910年，列宁在巴黎时住在哪个地方？

150 ● 1791年4月2日，米拉波[1]在哪里死去？

1 米拉波（1749—1791），法国大革命时期君主立宪派领袖之一。

145 ● 1728年开始，巴黎在街道拐角处系统地标注了路名。

146 ● 库尔塞勒街通向库尔塞勒小村。现在，这个小村位于勒瓦卢瓦－佩雷的西边。

147 ● 神学院小径上的喷泉建于1724年，当时是在圣叙尔皮斯广场上。1802年，喷泉被改造，并更名为“和平喷泉”（法国当时刚刚与英国签订《亚眠条约》）。之后喷泉被移到圣日耳曼市场的中心。1935年至今，喷泉一直位于它现在的位置。

148 ● 协和桥始建于1787年，完工时使用的是被推倒的巴士底狱的石头。

149 ● 1908年列宁来到巴黎后，一开始住在圣马塞尔大道的戈布兰旅馆。后来，他搬到了博尼耶街20号；然后又搬到了玛丽－罗丝街4号（3楼），在那里他一直待到1910年。

150 ● 1791年4月2日，米拉波在位于现在的昂坦堤道街42号的房子里死去。

151 ●尚蒂伊小村具体位置在哪里？也就是督政府时期经常有人光顾的冰激凌舞厅[1]。

152 ●缪拉[2]成为那不勒斯王国国王时，将哪一座府邸敬献给了拿破仑皇帝？

153 ●巴黎哪一座雕像位于天文台的子午线上且正对北方？

154 ●用于标记这条子午线的标杆（目前依然存在）位于哪里？

155 ●迪厄街（10区）与迪厄小巷（20区）的名字从何而来？

156 ●撒旦死胡同（20区）的名字从何而来？

1 当时，意大利的冰激凌商人专门租一些地方让大家来跳舞，顺便推销自己的冰激凌。

2 缪拉（1767—1815），拿破仑的元帅之一，也是后者的妹夫。

151 ● 爱丽舍-波旁宫[1]原属波旁女公爵（昂吉安公爵的母亲），后被收归国有。1797年，它成了冰激凌舞厅，附带的“游艺园”就是所谓的“尚蒂伊小村”。

152 ● 1805年，爱丽舍宫为缪拉所有。1808年，他成了那不勒斯王国国王，之后把爱丽舍宫赠予了拿破仑皇帝。

153 ● 天文台花园中的勒威耶[2]雕像正对北方，且恰好位于天文台曾经的本初子午线[3]上。天文台正好被这条线完美地分成两部分。

154 ● 从煎饼磨坊的花园里可以看到一根标杆，当时用它来标记天文台的子午线。这根标杆始于1786年。另一根年代没那么久远（1806年）的标杆位于蒙苏里公园，靠近茹尔当大道。

155 ● 迪厄街（10区）的名称源于一位于1859年去世的将军的名字。迪厄小巷（20区）的名称源于一位此地房东的名字。

156 ● 因为它靠近迪厄小巷，所以“撒旦”这个名字被赋予了维尼奥勒街（20区）上的这条死胡同。[4]

1 即后来的爱丽舍宫。波旁女公爵（1750—1822），法国波旁王朝奥尔良家族成员，七月王朝国王路易·菲力浦的姑姑。拿破仑在称帝之前，处死了她的儿子、波旁王朝代表人物昂吉安公爵（1772—1804）。

2 勒威耶（1811—1877），法国天文学家，曾任天文台台长。

3 19世纪上半叶，各国均以通过本国主要天文台的经线为本初子午线。法国的这条“本初子午线”被称为“巴黎子午线”。

4 “迪厄”（Dieu）有“上帝”的意思。

157 ● 1840年4月2日，埃米尔·左拉出生于何处？

158 ● 巴黎第一次进行电力照明试验是在哪个地方？

159 ● 哪一座桥的第一块石头是由一位外国元首铺砌的？

160 ● 萨盖妈妈小酒馆的具体位置在哪里？是维克多·雨果发现了这个地方，后来成了浪漫主义者最喜欢的聚会之地。

161 ● 巴黎哪一栋楼属于英国的天主教会主教？

162 ● 阿莱格尔公馆位于何处？1821年4月9日，波德莱尔在那里出生。

157 ● 1840年4月2日，左拉出生在圣约瑟街10号（2区）。

158 ● 巴黎第一次电力照明试验发生在1844年12月，地址是协和广场，之后于1848年7月在卢浮宫进行。1861年，皇家宫殿入门处安装了第一盏电灯，替代了皇家宫殿广场上所有的煤气灯。但是直到1878年，得益于雅勃洛奇科夫的发明（“电烛”），电灯才真正开始普及化。

159 ● 亚历山大三世桥的第一块石头由尼古拉二世在1896年铺砌。

160 ● 泰瑟尔街7号（14区）的利奥波德·贝朗基金会医院便是以前萨盖妈妈小酒馆的所在地。这家酒馆在浪漫主义时期非常出名。

161 ● 圣雅克街269号思康音乐学院所在的楼属于英格兰天主教会主教。

162 ● 1821年4月9日，波德莱尔出生于阿莱格尔公馆。在建设圣日耳曼大道时，这座楼被拆除。（高叶街15号有相关的纪念牌。）

163 ● 贝尔热街的街名源于何处？

164 ● 船夫谷仓农庄位于哪个地方？

165 ● 在哪里可以看到纪念1918年4月11日巴黎炮击的纪念牌？

166 ● 18世纪时的哪两位副市长的名字后来成了9区的街名？

167 ● 卡代街为何得此名字？

168 ● 1704年4月12日，波舒哀[1]在哪里逝世？

1 波舒哀（1627—1704），法国天主教神学家、教会政治家，反对罗马教廷对法国政教的干预。

163 ●这条街的名字源于贝尔热家族，16世纪到18世纪，这一带的一片土地归这一家族所有。

164 ●船夫谷仓农庄在18世纪时属于圣奥波尔蒂纳教堂的议事司铎，在德鲁奥街9号的位置，也就是现在德鲁奥拍卖行所在地。

165 ●1918年4月11日，一枚德国炮弹落在巴黎妇产科医院，造成20人死亡。皇港大道一头有一块纪念牌，上面记录着这一事件。

166 ●里歇尔和比福两人的名字后来成了9区两条街的街名，他们曾是18世纪巴黎的副市长。1792年里歇尔街被命名，1777年比福街被命名。

167 ●卡代街的名字源于卡代家族的园圃。他们家世代都是园林师，在16世纪至18世纪开辟了这片土地。

168 ●波舒哀于1704年4月12日在现在的圣安妮街45号的房子里逝世。

169 ● 巴黎第一座内部结构全部铁造的建筑是哪一座？

170 ● 巴黎第一座钢筋混凝土大楼是哪一座？

171 ● 法国大革命时期，西岱岛上有多少座教堂？

172 ● 1695年，拉封丹在哪里逝世？

173 ● 乔治·缪洛广场上的神秘建筑是什么？它恰好位于布许街与瓦朗坦·阿维街的交叉处。

174 ● 14区的哪个地方有一座16世纪的风车磨坊？

169 巴黎第一座内部结构全部铁造的建筑是圣女热纳维耶芙图书馆，它于1843年至1850年由拉布鲁斯特设计建造。

170 第一座全部使用钢筋混凝土的大楼建于1899年，在丹东街1号，建筑师是埃内比克。

171 法国大革命时期，西岱岛上有17座教堂。

172 拉封丹于1695年4月13日在石膏厂街的埃尔瓦尔公馆去世，也就是现在的让-雅克·卢梭街上邮政大楼的东边部分。

173 乔治·缪洛广场（15区）上的小型纪念碑实际上标示了格勒内勒自流井的准确位置。纪念碑于1907年建成，原先位于布勒特伊大街上的纯装饰性圆柱塔于1903年被拆除，由巴斯德雕像所替代。

174 蒙帕纳斯公墓的庭园里有一座建于16世纪的磨坊。它属于修道院的一部分，是卡特琳·德·美第奇为仁慈教会的修士所建。它曾经以下面这几个名字为世人所知：爱德磨坊、莫利纳磨坊（“冉森派”磨坊或者三角磨坊已经消失）以及苦痛磨坊。

175 ●1844年4月16日，阿纳托尔·法朗士出生于何处？

176 ●巴斯德安葬在何处？

177 ●1841年2月27日，哪一事件促使30多万巴黎人聚集到格勒内勒？

178 ●巴黎最深的自流井是哪一座？

179 ●哪一座建筑的开凿工程持续时间最长？

180 ●1860年，哪些市镇属于巴黎？

175 ● 1844年4月16日，阿纳托尔·法朗士出生于马拉凯滨河路。

176 ● 巴斯德安葬在迪托街15号的巴斯德研究所。

177 ● 1841年2月27日，经过八年的建设，格勒内勒自流井终于喷出了水，这口井深518米。30多万巴黎人迅速赶去观看这一奇观。

178 ● 巴黎最深的自流井是埃贝尔广场上的自流井，深718米。

179 ● 鹌鹑之丘自流井（深582米）于1863年7月14日开始建设，直到1904年3月17日才完工。埃贝尔广场上的自流井开凿工程持续了24年，帕西的自流井（深686米）工程持续了26年。

180 ● 1860年，巴黎边界线以腓力二世时期建造的旧城墙为准。4个市镇完全属于巴黎（拉维莱特、美丽城、沃日拉尔、格勒内勒），7个市镇大部分属于巴黎（欧特伊、巴蒂尼奥勒-蒙索、蒙马特、拉沙佩勒、沙罗纳、贝尔西）；13个市镇不得不放弃它们原有的管辖地（讷伊、克利希、圣旺、欧贝维利耶、庞坦、普雷-圣热尔韦、圣芒代、巴尼奥莱、伊夫里、让蒂伊、蒙鲁日、旺沃、伊西）。

181 ● 1699年4月21日，拉辛在何处逝世？

182 ● 巴黎第一次自来水入户发生在哪个时期？

183 ● 可以帮助引水的蓄水池位于何处？

184 ● 1798年4月22日，米什莱出生于何处？

185 ● “拉内拉格”这个词出自哪里？

186 ● 冰库街的街名从何而来？

181 ● 1699年4月21日，拉辛在维斯孔蒂街24号去世。它当时叫作沼泽街。

182 ● 1782年7月14日，巴黎第一次自来水入户，通过夏乐村两台烧煤的水泵从塞纳河抽水。两台水泵的名字分别是“奥古斯丁”和“君士坦丁”，取自建设者佩里耶两兄弟的名字，他们之后成立了水务公司。

183 ● 蓄水池位于目前美国广场的所在地。

184 ● 米什莱出生时所在的房子已经拆除。圣德尼街224号有一座这位历史学家的雕像，它指明了房子所在的位置。房子实际上位于特拉西街14号（它以前是圣肖蒙圣母教堂，后被改建成民居）。

185 ● 这是一家建于1774年的公共舞厅的名字。这家舞厅是仿照拉内拉格勋爵所属领地切尔西开办的另一家舞厅的模式而建。1870年，舞厅被拆除。

186 ● 冰库街通往小让蒂伊。因为这个小村有一家成立于1790年的人工制冰厂，又名“冰库村”。

187 ● 巴黎哪一座喷泉是由群众集资建造的?

188 ● 第一座外立面用陶瓷装饰的大楼在哪里?

189 ● “让人想起雪松上的光芒”的“现代风格”大楼位于何处?

190 ● 圣查理街的街名源于何处?

191 ● 巴蒂尼奥勒的词源是?

192 ● 巴黎哪一座喷泉是由杜尔哥[1]铺上了第一块石头?

1 杜尔哥（1727—1781），法国经济学家，重农学派主要代表之一。

187 ●1841年，群众集资建造了莫里哀喷泉。这座喷泉替代了建于1671年的埃绍德喷泉。

188 ●克洛德·沙于街9号的大楼是第一座外立面用陶瓷装饰的建筑（1903年）。这种材料在当时备受好评，第二年，拉维罗特在瓦格纳大街（34号）建了“陶瓷楼”。

189 ●根据勒内·拉利克的设计图建在阿尔贝一世大道40号的大楼是巴黎最最有名的具有典型“现代风格”的建筑（尤其是它的大门）。

190 ●这条街之所以这么命名，是因为1824年这条街通车时国王是查理十世。

191 ●巴蒂尼奥勒（Batignolles）是batillole的变体，batillole是batel的指小词，指“石磨上出面粉的地方”。18世纪时，巴蒂尼奥勒这个地方还有好几座磨坊。

192 ●1739年，杜尔哥为格勒内勒街（当时叫作格勒内勒-圣日耳曼街）上著名的布沙东喷泉铺上了第一块石头。这座喷泉直到六年后才竣工。

193 ● 巴黎哪一条大街由勒诺特尔设计建造?

194 ● 莱尔米特井街的街名从何而来?

195 ● “大公鸡之屋”位于哪个地方? 为什么这座房子如此有名?

196 ● “美洲采石场”这个地名从何而来?

197 ● 1857年5月2日，阿尔弗雷德·德·缪塞在哪里去世?

198 ● 修女街26号（西岱岛）的长廊有着怎样神奇的故事?

193●香榭丽舍大街（包括圆形广场）是勒诺特尔设计的，建于1667年至1670年，但广场直到1815年才完工。1724年，在昂坦公爵的主持下，大街延伸至星形小丘[1]。1772年，在马里尼侯爵的主持下，大街延伸至讷伊门。

194●莱尔米特井街（5区）之所以得此名字，是因为18世纪时一位名叫亚当·莱尔米特的皮革商人在此开凿了一口井。

195●“大公鸡之屋”位于新市集滨河路8号。1631年，泰奥夫拉斯特·勒诺多在那里创办了法国第一份报纸《法国公报》。

196●“美洲采石场”（19区的美洲街区由此得名）这个地名的起源一直都是一个谜。似乎，之所以得此名字，是因为采石场出产的一部分石头被运往了美洲。

197●缪塞于1857年5月2日在位于现在塔沃尔山街6号（1区）的房子里去世。

198●修女街26号长廊的铺地石是以前的墓碑。

1 即后来的星形广场。

199 ● 雅韦尔漂白水和雅韦尔码头有什么关系吗?

200 ● 桑西耶街的街名从何而来?

201 ● 星形广场凯旋门前后一共建造了多少年?

202 ● 这项工程一共花费了多少钱?

203 ● 巴黎哪一块纪念牌是为了纪念马提尼克岛培雷火山爆发(1902年5月8日)?

204 ● 公主花园[1]在哪里?

1　此处的"公主"(Infante)尤指西班牙、葡萄牙王室的公主。

199 ●有关系。实际上，1777年，正是在雅韦尔码头建立了生产雅韦尔漂白水的工厂。

200 ●桑西耶街的街名来由十分模糊：有些人认为，之所以叫这个名字，是因为这条街以前是一个死胡同，即所谓“无头”街；另一些人认为，之所以得此名字，是因为曾经有一位土地税征税官住在这条街上。[1]

201 ●凯旋门于1806年开始建造，1811年因为沙尔格兰去世而停工。直到1823年才恢复施工，又过了13年才竣工。1836年7月29日，路易·菲力浦庄重地主持了凯旋门落成仪式。

202 ●最终，这座凯旋门总共花费了1000万金法郎。

203 ●弗罗绍大街13号，画家梅尔瓦特的画室挂着一块纪念牌。这位画家在马提尼克岛培雷火山爆发时不幸罹难（1902年5月8日）。

204 ●这座花园是指卢浮宫东区的草坪。

1 “无头”原文作 sous-chief，在法语中与 sans chef（意为“无头”）谐音，并且与“桑西耶”（Censier）发音相近。censier 作为普通名词，意思是“征收年贡的人”。

205 ●1907年5月12日，于斯曼[1]在哪里去世？

206 ●特兰西瓦尼旅馆位于哪个地方？格里厄骑士在那里凭借纸牌游戏中“非同寻常的技巧”使自己的财富“暴增”（《曼侬·莱斯戈》）。

207 ●物理学家伦福德的墓位于哪个地方？1871年，墓地被一枚炸弹摧毁，之后哈佛大学对它进行了修缮。

208 ●伦福德街位于哪里？哪一位著名的浪漫主义诗人曾住在那里？

209 ●铺石街22号与20号之间的古墙是什么？

210 ●1610年5月14日亨利四世在哪里被刺杀？

1 于斯曼（1848—1907），法国作家。

205 ●于斯曼于1907年5月12日在圣普拉西德街31号去世。

206 ●特兰西瓦尼旅馆建于1622年到1628年，完全是路易十三时期的风格，它位于波拿巴街与马拉凯滨河路的交叉口。18世纪，旅馆成了一个赌场。普雷沃神父在小说《曼侬·莱斯戈》中把格里厄骑士的纸牌游戏安排在这个赌场里。

207 ●美国物理学家伦福德的墓位于欧特伊公墓。1871年，墓地被炮弹摧毁，后来哈佛大学对其进行了修缮。

208 ●伦福德街在建造马勒泽布大道时就此消失。1850年，缪塞住在这条街的11号（大概位置是现在大道的车行道中央，42号与43号之间。）

209 ●拉穆瓦尼翁公馆与铺石街20号之间有一堵满是裂缝的墙，这是以前的女监狱（关押的是“命运悲惨的女性”）遗留下来的建筑。1848年这座监狱被拆除。

210 ●亨利四世于1610年5月14日在铁器制造街11号被刺杀。这个地址目前可见的房子建于路易十四时期。

211 ●巴黎哪一条街偶数门牌号的一侧到某个数字后街名发生了变化，但奇数门牌号的那一侧街名没有变，并且一直延续了38户人家？

212 ●1778年5月30日伏尔泰在哪里去世？

213 ●雅各街为何会叫这个名字？

214 ●1790年5月18日，博马舍在哪里去世？

215 ●博马舍是在哪一座房子里写完了《费加罗的婚礼》？这座房子至今还存在。

216 ●天文台喷泉雕塑的天球出自哪一位雕塑家？

211 ● 圣安托万街偶数门牌那一边到100号为止，接下去就变成了里沃利街，但是奇数门牌那一边没有变化，一直到137号为止。137号的对面正好是里沃利街的12号。

212 ● 1778年5月30日，伏尔泰在现在的伏尔泰滨河路29号去世。

213 ● 这条街的名字源于玛戈王后所在的一个宗教团体，即当时的神圣联盟。玛戈王后向上帝许诺，如果她能够回到“自己的土地”（即普雷欧克莱克），就将自己财产的十分之一（正如《圣经》中的雅各）献给他。

214 ● 1790年5月18日，博马舍在巴士底狱附近他命人建造的楼里逝世，也就是现在的博马舍林荫大道2号。

215 ● 1776年到1788年间，博马舍住在圣殿老街17号的荷兰大使公馆。正是在那里，他创作了《费加罗的婚礼》。这座公馆始建于14世纪，于1638年全部重建。

216 ● 天文台喷泉雕塑由卡尔波设计建造，但是刻着十二星座图的天球出自另一位雕塑家欧仁·勒格兰之手。不过，并不清楚为何会有这样的分工。

217 ● 天鹅小径建于哪一年？

218 ● 1834年5月20日拉法耶特侯爵在哪里去世？

219 ● 1808年5月22日，钱拉·德·奈瓦尔在哪里出生？

220 ● 他自杀的准确位置是哪里？

221 ● 18世纪哪一座公馆（是为了孔代亲王路易-约瑟夫·德·波旁所建）的修建费用高达2000多万法郎？

222 ● 巴黎综合理工大学初建时位于哪里？

217 ● 天鹅小径（或者叫作格勒内勒防波堤）建于1825年。不要把它和夏乐宫前面古老的天鹅岛混淆。

218 ● 拉法耶特侯爵于1834年5月20日在安茹街8号的玛赞公馆去世，这座房子建于1726年。（1855年，发现传入神经与传出神经差异的马让迪博士也在这里去世。）

219 ● 1808年5月22日，奈瓦尔在圣马丁街96号（现在的168号）出生。

220 ● 1855年1月25日深夜、26日凌晨，奈瓦尔在老灯笼街自杀，准确位置是莎拉·伯恩哈特剧院舞台所在地。

221 ● 大约1771年建成的波旁公馆与拉塞公馆一起构成了现在的波旁宫。整个工程由孔代亲王路易-约瑟夫·德·波旁主持，持续了20多年，总花费超过2000万法郎。

222 ● 1794年巴黎综合理工大学在波旁宫成立。波旁宫在1790年被收归国有，变成了“革命之家”。

223●众议院的外立面建于哪个时期？

224●卡斯泰、莫兰、瓦吕贝这三个人分别是谁？他们的名字分别成了一条街（4区）、一条大道（4区）和一个广场（5区）的名字。

225●巴黎公社社员墙位于哪个地方？

226●哪一个外国政府首先在巴黎建立了它的大使馆？

227●装饰美第奇喷泉的丽达浅浮雕以及其他雕塑始于哪个时期？

228●1695年，画家皮埃尔·米尼亚尔在何处逝世？

223 ● 波旁宫曾是五百人院以及立法团的所在地。目前的外立面于1804年由普瓦耶建造。

224 ● 这三个名字分别是一条街（4区）、一条大道（4区）和一个广场（5区）的名字，它们是1805年在奥斯特利茨战役中被杀害的高级军官的名字。

225 ● 巴黎公社社员墙位于拉雪兹公墓第97号分区。1871年5月28号，凡尔赛军在墙下射杀了147位巴黎公社社员。

226 ● 第一个在巴黎专门为大使建造官邸的外国政府是暹罗。问题中提到的这座楼位于艾劳大街14号，于1900年竣工。

227 ● 装饰美第奇喷泉的雕塑始于第一帝国时期，丽达浅浮雕则完成于1807年。这座喷泉是一座组合建筑，建于1864年，是由1620年卢森堡公园里建成的一座喷泉与位于沃日拉尔街、景观街交叉处的另一座喷泉组合而成。后面那座喷泉后来因为建雷恩街被拆除。

228 ● 画家皮埃尔·米尼亚尔于1695年5月30日去世。他去世的那座房子位于黎塞留街23号，上面挂有一块纪念牌。

229 ●巴黎风情园建成于哪一年?

230 ●哪一座喷泉是布瓦洛去世之地?

231 ●圣保罗街8号的小塔楼是什么?

232 ●塞纳河畔布洛涅以前的墓地位于哪个地方?

233 ●1881年6月2日，利特雷[1]在哪里去世?

234 ●16世纪末，塞纳河上有多少座岛屿?

1 利特雷（1801—1881），法国医学家、哲学家，1871 年当选法兰西学术院（Académie française）院士，1875 年当选参议院终身议员。

229 ●巴黎风情园在1860年10月9日向公众开放。

230 ●西岱岛上主教府喷泉所在地就是布瓦洛去世的地方。1711年3月13日，布瓦洛在这个地址的房子里去世。

231 ●1544年，利翁楼建成，就坐落在圣保罗街8号。现在位于这个地方带小塔楼的房子始于16世纪。

232 ●塞纳河畔布洛涅以前的墓地位于布洛涅森林，从塞夫勒延伸至皮托。公墓于1810年开放，1859年被废弃。

233 ●利特雷于1881年6月2日在达萨街44号去世。

234 ●16世纪末，塞纳河上有10座岛屿，就在巴黎市内：雅维奥岛或者叫卢维埃岛（1847年，岛屿与码头连通，后又与莫尔兰大道连通）；圣母岛和牛岛，17世纪初，这两座岛形成了圣路易岛；西岱岛，亨利四世时期，这座岛吞并了犹太岛和渡船岛；卢浮岛，圣尼古拉码头建成的时候这座岛消失了；葡萄藤岛和塞纳岛，位于杜伊勒里桥和荣军院桥之间，1650年被并入左岸；最后就是大石头岛，又称天鹅岛。

235 ● 茹思耶街的街名来自何处?

236 ● 维维恩街和圣马克街这两条街的名字源于一处。请问是什么?

237 ● 迪苏布这个人名被用于命名3区的一条街。这个人是谁?

238 ● 热诺尔街为何叫这个名字?

239 ● 巴黎最古老的桥是哪一座?

240 ● 塞纳河边的旧书摊何时出现?

235 ●这一街名是“埃及的圣玛丽”这一名字的变体。有一座专门献给她的小教堂，位于蒙马特街与这条街的交叉处。这座教堂建于13世纪，1791年被拆除。

236 ●这两条街在17世纪时通向的是属于维维安·德·圣马克家族的空地。18世纪时，“维维安街”因“维维安”这个词发生的阴性变化，变成了“维维恩街”，而圣马克街一直完整地保留着原来姓氏的后半部分。

237 ●这是一位议员的名字，1851年12月2日政变时，他在巍山街被杀害。[1]

238 ●这条街一开始的名字其实是“新诺夫”[2]，因为当时在那里出现了两种新的球类游戏。

239 ●巴黎最古老的桥是新桥。它的第一块石头是由亨利三世在1587年放上去的，这座桥直到亨利四世时期才建完。

240 ●巴黎的旧书摊最早出现在新桥。1650年它们被赶走，搬到了河岸附近，尤其是孔蒂滨河路。

1 此处提及的政变即路易·波拿巴政变，是法兰西第二共和国总统路易·波拿巴（1778—1864）发动的改共和制为帝制的政变。次年，法兰西第二帝国建立。

2 “热诺尔”（Jeûneurs）与“新诺夫”（Jeux-Neufs）音近义异，前者意为“禁食者”，后者意为“新游戏”。

241 ● 巴黎最古老的公共时钟是哪一座？

242 ● 比若元帅于1849年6月10日在哪里去世？

243 ● 法沃里特街（15区）的街名源于何处？

244 ● 布隆代尔是谁？他的名字被用于命名2区的一条街。

245 ● 神学院小径在哪里？

246 ● 柱廊大楼有着怎样的历史记忆？它位于现在的嘉布遣会修女林荫大道43号。

241 ●巴黎最古老的公共时钟是司法宫的时钟，它的历史要追溯到查理五世时期。1585年，这座钟由热尔曼·皮隆彻底修复。

242 ●比若元帅于1849年6月10日在伏尔泰滨河路1号去世。

243 ●法沃里特街（15区）以前（大约在1838年）是同名的公共马车停放处。

244 ●他是设计圣德尼门的建筑师。

245 ●它是指波拿巴街左侧的街心公园，这个街心公园就在圣叙尔皮斯广场与沃日拉尔街之间。

246 ●嘉布遣会修女街和嘉布遣会修女林荫大道交叉处以前坐落着所谓的柱廊大楼（这座楼的建筑设计风格可以让人联想到建筑的独特之处）。拿破仑曾于葡月13日[1]至1796年3月9日（这一天是他与约瑟芬成婚的日子）期间住在那里；1838年，外交部设立在那里；正是在这座楼前面，1842年3月23日，司汤达忽然中风倒地；也正是在那里，1848年2月23日，人民大众与军队的意外交火导致法国大革命爆发。

1 指法国共和历四年葡月13日，即1795年10月5日。

247 ● 巴黎哪一所高中设在以前的某座女修院?

248 ● 玛黑剧院在哪个位置? 戏剧《熙德》第一次在这个剧院公演。

249 ● 圣斯皮尔街的街名从何而来?

250 ● 最后一辆公共马车消失于哪个年代?

251 ● 沙特莱喷泉建于哪个年代?

252 ● 巴黎第一列蒸汽有轨电车何时通车? 路线是怎样的?

247 ●科马丹街的孔多塞高中以前是嘉布遣会初修院。这些房子由建筑师布龙尼亚设计建造于1781年到1783年间。（这所高中在100年间先后七次更名：1804年，昂坦堤道高中；1804年，波拿巴高中；1815年，波旁中学；1848年，波拿巴高中；1870年，孔多塞高中；1874年，丰塔纳高中；1883年，孔多塞高中。）

248 ●玛黑剧院位于现在的圣殿老街90号。

249 ●这个街名是圣埃克絮佩里这个姓的变体。

250 ●1913年1月13日，最后一辆公共马车走完了最后一段路——从拉维莱特到圣叙尔皮斯教堂。

251 ●这座喷泉又叫作胜利喷泉或棕榈树喷泉，始建于1808年，是为了纪念埃及军队。1858年，喷泉移动了位置，并且加上了狮身人面像和小水池。1899年到1900年间，喷泉被翻修。

252 ●1889年第一列蒸汽有轨电车通车，路线从星形广场开往圣日耳曼。（1876年曾试通车，但是之后就没有下文了。）

253 ● 克鲁莱巴尔贝街区以及克鲁莱巴尔贝街（13区）这两个地方的名字从何而来?

254 ● 新桥试建人行道后就没有后续了，那巴黎哪一条街道第一个设立了人行道?

255 ● 免税布尔乔亚街的街名从何而来?

256 ● 法国最大的钟位于巴黎哪一座教堂?

257 ● 第一台自动饮料贩售机出现于什么时候？在哪里?

258 ● 夏洛特·科尔代购买刺杀马拉的武器的刀具店在哪里?

253 1214年，一个名叫让·德·克鲁莱巴尔贝的人是这个地区某块封地的主人，他也是克鲁莱巴尔贝街与科维萨尔街交叉口磨坊的主人。

254 1871年，奥德翁街划分了人行道；之后是勒佩尔蒂埃街（1786年）、汉诺威街和马翁港街（1795年）。

255 “免税布尔乔亚”是指免除一切捐税的穷人。大约在1350年，维耶–普利街（这个街名是中世纪时期很流行的一个游戏的名字）上设立了一个慈善基金，用于帮助24个“布尔乔亚穷人”——因为这件事，这条街改名为免税布尔乔亚街。

256 1907年，圣心大教堂建造了法国最大的一座钟，名为“萨瓦雅尔德”，由萨瓦教区赠送，重达17 735千克（克里姆林宫的大钟重201 924千克）。

257 它出现于18世纪末，在皇家宫殿内的瓦卢瓦长廊121号，是一台咖啡贩售机。

258 离上述那个地址不远处，177号便是巴丹先生的刀具店，夏洛特·科尔代就是在那里买下了刺杀马拉的小刀。

259●维尔多是谁？他的名字被用来命名1区的一条街。

260●贝纳丹·德·圣皮埃尔创作《保罗和维吉妮》的那栋房子位于何处？

261●弗雷米古街（15区）的街名从何而来？

262●巴黎的过桥税是何时取消的？

263●第一座煤气厂位于哪里？

264●17世纪的邮政局位于哪一座楼？

259 ●维尔多是一位工厂主，他铲平了位于圣安妮街与小田街交叉处灰渣和垃圾堆成的磨坊小丘，他还“整修”了整个街区。

260 ●1781年到1786年，贝纳丹·德·圣皮埃尔住在罗兰街4号（那时叫作圣埃蒂安新街）。他正是在这个地方创作了《保罗和维吉妮》。

261 ●弗雷米古是最后一位开发格勒内勒平原的农场主。1824年这片地被分成好几块出售。

262 ●直到1847年，巴黎所有的桥都取消了通行税。（有些桥之前已经取消了通行税，但是另一些桥，尤其是被路易·菲力浦桥所取代的行人桥，当时还必须支付较高的通行税）。

263 ●巴黎第一座煤气厂（1819年）位于鱼贩城郊街129号。

264 ●卸货工人街3号（1区）有一座17世纪的楼房，就是当时邮政局所在地。

265 ●为什么孔代亲王街22号的外立面上有让·古戎的半身像?

266 ●巴黎哪一座公园保存着圣德尼大教堂的部分建筑?

267 ●万塞讷森林中的米尼姆湖名字从何而来?

268 ●大革命之前，多明我会的主要女修院，即雅各班女修院，位于哪个位置?

269 ●1848年7月4日，夏多布里昂在哪里逝世?

270 ●8区的哪一条街以前位于另一条街的上面，就像是一座桥?

265 ●1821年，有一所雕塑学校在此地成立，这就是为什么会出现让·古戎的雕像。

266 ●蒙索公园里的古罗马海战风格圆柱原来是圣德尼大教堂安葬瓦卢瓦家族的小教堂的柱子。这座小教堂建于1580年，1718年被拆除。

267 ●米尼姆湖所在的地方以前是一座12世纪的女修院，1585年被最小兄弟会（又称“善人会”）的教士占据，大革命后修道院被拆除。[1]

268 ●雅各班女修院以前位于苏夫洛街、圣雅克街、屈雅斯街与圣米歇尔大道围成的广场上。它建立于13世纪，1790年关闭，1800年到1849年间被拆除。（大门直到1866年才完全拆除。）

269 ●夏多布里昂去世于渡船街120号，1829年以后他就一直住在这座房子里。

270 ●弗朗索瓦一世街以前从马尔伯夫街上方经过。马尔伯夫街其实是以前的梅尼蒙当小河，小河最后在阿尔玛广场注入塞纳河。直到1880年，位于下方的马尔伯夫街才被整修到与该区其他街道齐平的位置。

1 “米尼姆”（Minimes）作为专有名词，意思是“最小兄弟会”，作为普通名词，意思是“最小的、极小的”。

271 ●马翁港街的街名从何而来?

272 ●最早从星形广场凯旋门下走过的是哪三个人?

273 ●哪一位著名人士葬于巴黎时，墓地上撒上了美国的泥土?

274 ●哪一条大道偶数门牌号从136号跳到了202号?

275 ●从多久之前开始，塞纳河再也不结冰了?

276 ●攻占巴士底狱的士兵是从哪里的大门进去的?

271 ● 1795年，在原来黎塞留公爵花园的位置建了一条街。公爵刚刚攻占了梅诺卡岛（首府即为马翁港），这条街的名字由此而来。

272 ● 这三个人分别是：玛丽-路易丝[1]，她于1810年4月1日婚礼当天从凯旋门下走过；昂古莱姆公爵，他在结束西班牙远征后于1823年从凯旋门下走过；茹安维尔亲王，他在1840年12月15日送回拿破仑的骨灰时从凯旋门下走过。（准确而言，前两个人并不是真正从凯旋门下走过，因为当时凯旋门还未建完。）

273 ● 拉法耶特侯爵葬于比克布斯墓地时，棺木铺上了美国的泥土。

274 ● 拉斯帕伊大道从蒙帕纳斯大道延伸至当费尔-罗什罗广场的路段先于从圣日耳曼大道至蒙帕纳斯大道之间的路段建完。所以这段路上的门牌号码从201（奇数门牌号）与202（偶数门牌号）开始；但是，第一段路建完后，两边的门牌号分别只编到147和136。

275 ● 塞纳河最后一次整条河都结冰是在1895年。

276 ● 圣安托万街5号，那里挂有一块纪念牌。

1　玛丽-路易丝（1814—1847），拿破仑的第二任妻子。

277 ● 巴士底狱的遗址（所谓的“自由塔”）后来怎么样了？遗址是在1899年建地铁1号线时发现的。

278 ● 法国人承认美国独立的条约是在哪里签订的？

279 ● 1785年至1789年，当时的美国驻法国大使托马斯·杰斐逊住在哪里？

280 ● 迪索默拉尔街的街名从何而来？

281 ● 1857年7月16日贝朗瑞[1]在哪里去世？

282 ● 圣心大教堂在哪一年被祝圣？

1　贝朗瑞（1780—1857），法国歌谣诗人，曾发表歌谣讽刺拿破仑，作品在1830年七月革命中发挥了作用。

277 ● 它们被运到了亨利·加利街心公园(4区)。

278 ● 协和广场4号的拱廊下刻着这些字:"1778年2月6日,在此地,孔拉尔·亚历山大·热拉尔代表法兰西国王路易十六,本杰明·富兰克林、西拉·迪恩、亚瑟·李代表美利坚合众国,双方签署了友好、商贸和结盟协议。这一协议意味着,法国先于任何其他国家承认美国独立。"

279 ● 他住在香榭丽舍大街与贝里街的交叉处,那个地方挂有一块纪念牌。

280 ● 迪索默拉尔是一位收藏家的名字,他于1833年获得了克吕尼公馆,并且把自己的收藏安置在那里。(1842年他去世后,国家回购了他的收藏、公馆和罗马式浴场。)

281 ● 贝朗瑞在贝朗瑞街3号的公馆(别称"旺多姆",建于1752年)去世。他住在顶楼。

282 ● 圣心大教堂于1875年6月16日开工,但是一年后才真正开始施工,1886年局部建成,直到1919年10月16日才被祝圣。

283 ● 1720年7月17日，劳[1]破产时住在哪个地方？

284 ● 第一家艺术小酒馆于何时何处开业？

285 ● 巴黎第一家咖啡馆出现于何时？

286 ● 巴黎最早的咖啡馆有哪些？

287 ● 哪一家咖啡馆最早使用蒸馏咖啡机？

288 ● 哪一座桥在建成13年后才举行了落成典礼？

1 即约翰·劳（1671—1729），苏格兰财政金融家，曾任法国财政总监。

283 ● 1718年至1720年7月17日，也就是直到他破产的那一天，劳住在旺多姆广场23号。

284 ● 第一家艺术小酒馆“大品脱”于1878年开业，主人是某位姓拉普拉斯的先生，酒馆位于特吕代纳大街和殉教者街的交叉处。

285 ● 第一家供应咖啡的“咖啡馆”出现于1643年，位于圣雅克街与小桥之间的一条拱廊街上。但是以失败告终。

286 ● 1672年，咖啡馆再一次出现在圣日耳曼集市上，一位姓帕斯卡尔的亚美尼亚人在学院滨河路（也就是现在的卢浮宫滨河路）开了一家咖啡馆。1675年，另一个亚美尼亚人在德比西街开了一家咖啡馆。同一年，意大利人弗兰奇斯科·普罗科皮奥·代·科尔泰利在图尔农街开了一家咖啡馆，之后大约在1690年，又在圣日耳曼沟渠街（现在的老喜剧院街）开了另外一家咖啡馆。普罗科布咖啡馆后来成了餐馆，至今依然存在。

287 ● 蒸馏咖啡机大约是1858年第一次在热南咖啡馆被使用，这家咖啡馆位于新瓦万街（现在的瓦万街）的一间木板屋。

288 ● 托尔比亚克桥[1]始建于1879年，1882年完工，直到1895年才举行了正式的落成典礼。

1　托比亚克是德国城市曲尔皮希（Zülpich）的法语称谓。496年，克洛维曾率军在此战胜日耳曼人的一支。

289 ●巴黎最早的公共马车始于何时？又是在哪一年停用？

290 ●风之森林街（16区）这个街名从何而来？

291 ●巴黎哪一栋建筑由一位医生设计建造？

292 ●南北地铁线（现在的12号线）在哪一年完工？

293 ●布瓦西埃街（16区）为何会得此街名？

294 ●科基列尔街这个街名从何而来？

289 ● 巴黎最早的公共马车是帕斯卡创立的“五苏公共马车”[1]。1662年3月18日正式营业。它一开始取得了巨大的成功，但是潮流很快就过去，大约1695年彻底消失。

290 ● 风之森林街以前写作勒旺森林街，意思是“位于勒旺的森林”。[2]

291 ● 克洛德·佩罗设计建造了卢浮宫的柱廊（1670年）。他是一位职业医生，这也意味着他建筑设计生涯的开始。

292 ● 1916年8月23日，正值第一次世界大战，从朱尔·若弗兰广场到拉沙佩勒门的南北地铁线正式向公众开通。（7月1日，7号线歌剧院至皇家宫殿段开通。）

293 ● 这条街的旧名是布瓦西埃十字架街（布瓦西埃十字架又叫布瓦塞十字架或布依塞十字架，指用黄杨木装饰的十字架）。

294 ● 同维维恩街一样，“科基列尔”这个词是它最初所有者皮埃尔·科基列姓氏的阴性形式。

1 意谓“车费为五个苏的公共马车”（苏是法国旧辅币单位）。

2 “风之森林”（Bois-le-Vent）与“勒旺森林”（Bois-Levant）同音。

295 ●在哪个教堂可以看到一座白色大理石方尖碑？它高18米，正好位于巴黎子午线上。

296 ●第一座以花园露台替代屋檐的现代建筑是哪一座？

297 ●第一座专门用于办公室入驻的建筑是哪一座？

298 ●1824年7月27日，小仲马出生于哪里？

299 ●达德尼昂住的火枪手旅馆位于何处？

300 ●1830年参加七月革命的战士葬于何处？

295 ● 这座方尖碑专门用于确定春分日（复活节周日由此确定），它由英国钟表商苏利设计建造，于1743年完工。方尖碑位于圣叙尔皮斯教堂。

296 ● 这座大楼位于图尔农街20号，于1900年由乔治·德布里建造。

297 ● 这座大楼位于鱼贩城郊街10号。于1898年由佩雷兄弟建造。

298 ● 小仲马出生于布瓦尔迪厄广场1号，那里挂有一块纪念牌。

299 ● 火枪手旅馆位于枯树街4号。

300 ● 1830年7月（27日、28日、29日）倒下的504个巴黎战士被安葬在巴士底广场的七月圆柱下面。（他们的名字被刻在柱身上。）

301 ●巴士底广场上的圆柱建于何时?

302 ●巴黎最早的有轨交通出现于何时

303 ●骑兵竞技广场这个名字从何而来?

304 ●巴黎哪一座教堂第一次使用铁作为建筑材料?

305 ●沙特莱的堡垒和监狱是在什么时候拆除的?

306 ●巴黎哪些街道用《圣经》中的人物命名?

301 ●巴士底广场的圆柱，也就是七月圆柱，1833年由阿拉瓦纳开始建造，1840年由迪克完成建造。（它替代了《悲惨世界》中加夫罗契藏身其下的大象雕塑。）

302 ●巴黎第一条有轨交通线建于1854年。自然，当时是畜力牵引的。这条线从塞夫勒桥到协和广场，有一条支线是到布洛涅森林。1866年，这条线延长至皇家宫殿。直到1875年，新线路才开设。

303 ●之所以有这个名字，是因为，1662年6月5日至7日，为了庆祝“大太子”路易的出生，路易十四在这个地方举办了一场马术比赛。

304 ●在建造圣欧仁教堂时（由路易–奥古斯特·布瓦洛建于1854年至1855年），铁第一次被用于宗教建筑。

305 ●1802年，沙特莱的堡垒与监狱被拆除。之前，它在腓力二世统治时期第一次整修，路易九世统治时期第二次整修。

306 ●13区有一条参孙街，还有一条约拿街。

307 ● 1784年7月13日，狄德罗在哪里去世？

308 ● 白房子街区（以及白房子街）的名字从何而来？

309 ● 1723年6月21日，迪·穆里埃·迪·佩里耶在哪里去世？他曾是法兰西喜剧院的秘书，也是把消防水泵引入法国的第一人，并且建立了巴黎城市消防队，而且他还是32个孩子的父亲。

310 ● 肖蒙小丘公园建于何时？

311 ● 薄伽丘出生于何处？

312 ● 但丁在巴黎的时候住在哪里？

307 ●狄德罗在黎塞留街39号去世，房子上挂有一块纪念牌。

308 ●19世纪初，“白房子”是位于意大利大街76号对面的一家歌舞小咖啡馆，由历史学家维克托·迪吕伊的祖父经营。

309 ●迪·穆里埃·迪·佩里耶在马萨林街30号去世，也就是“水泵公馆”，上面挂有一块纪念牌。

310 ●这座公园于1866年至1867年建在光秃秃的采石场和山坡上（“肖蒙”即*calvi montes*，意为“秃山”[1]），由阿尔方和巴里耶设计。

311 ●薄伽丘于1313年出生在伦巴第街（有些作者甚至确信是在这条街的28号）。这条街是货币兑换商和银行家聚集的地方：薄伽丘的父亲是一位佛罗伦萨的商人，他当时在巴黎从事非法交易。

312 ●但丁在巴黎的时候住在比耶夫尔街（5号）。据说他寄宿在萨沙利街上的一个意大利人家里，这条街后来改名为扎沙里耶街（现在改名为格扎维埃·普利瓦街，很是奇怪）。

1 “肖蒙”（Chaumont）应为chauve和mont两个词组合而成，前者意为“秃的”，后者意为“山”，拉丁语拼写形式为*calvi montes*。

313 ● 泰尔纳城堡位于何处?

314 ● 圣奥诺雷街第一个门牌号码系统是怎样的?

315 ● 大钟楼始于哪个时代?

316 ● 在巴黎的哪个地方可以看到一座建于12世纪的塔?

317 ● 大石头街区的名字从何而来?

318 ● 博雷戈街的街名从何而来?

313 ● 在德穆尔街17号、19号可以看到以前泰尔纳城堡的遗迹。城堡建于1548年，1715年彻底重建，1781年被巴扬街截断——当时这条街叫作拱廊街。

314 ● 18世纪末，门牌号是按照街区而不是按照街道编号。1787年，圣奥诺雷街第一次以独立的方式对门牌号进行编号。门牌号没有奇偶之分，而是从1号到394号；394号对面是395号，就这样继续下去，一直到730号，730号的对面是1号。

315 ● 大钟楼建于1298年。雕像出自热尔曼·皮隆之手（16世纪）。1852年，雕像做了修复。

316 ● 绿荫塔原是圣马丁德尚修道院的防御工事，大约建于1140年，至今依然存在于圣马丁街和绿荫街的交叉口。

317 ● 圣多明我街以前叫作大石头街——“大石头”是指某块界石，标志着圣日耳曼德佩修道院征收年贡的土地的界线。

318 ● 博雷戈街（20区）在1864年得此街名。博雷戈是墨西哥一座城市的名字，当时法国正在对那里进行远征。

319 ●帕努瓦约街（20区）的街名从何而来？

320 ●皇冠地铁站的那次事故发生于何时？

321 ●巴黎何时出现了双层公共汽车？

322 ●荣军院前面的广场何时建成？

323 ●国王喷泉街（11区）的街名从何而来？

324 ●最具现代风格的建筑师埃克托尔·吉马尔设计建造的犹太教堂在哪里？

319 ● 这条街之所以这么命名，是因为一座名为“无籽”[1]的葡萄园。

320 ● 那次地铁事故发生于1903年8月10日，距第一条地铁线通车大约三年多。一辆列车的车头在巴尔贝斯站着火。火被扑灭、乘客疏散后，列车行驶到战斗站，又发生了第二次火灾，随即被扑灭。就在这时，急救车厢在梅尼蒙当站起火。由于第三次火灾引发的烟雾，在皇冠站等待的一列车厢中的乘客纷纷因窒息而丧命。84人丧生。

321 ● 1907年。

322 ● 荣军院前面的广场建于1704年至1720年间。

323 ● 这条街在1731年被命名为国王喷泉街，原因是当时在附近地区发现了好几处泉水。

324 ● 铺石街（10号）上的犹太教堂由埃克托尔·吉马尔于1913年设计建造。它有四层，临街的一面带拱孔。

1 “无籽”原文作（Pas-Noyau），与“帕诺瓦约”（Panoyaux）谐音。

325 ●勃艮第公馆剧院位于哪里？1547年到1783年间，“耶稣受难剧团、无忧之子剧团、勃艮第公馆剧团、意大利剧团、喜歌剧院剧团在那里进行了演出”。

326 ●佩尚街的街名从何而来？

327 ●位于黎塞留街与几条林荫大道交叉处的红衣主教黎塞留半身像始于哪个年代？

328 ●哪一条大街正是以主持其通车仪式的人的名字命名的？

329 ●1674年8月12日，菲利普·德·尚佩涅[1]在哪里去世？

330 ●昂维耶热街的街名从何而来？

1 尚佩涅（1602—1674），法国画家，其代表作是约于1639年绘制完成的《红衣主教黎塞留肖像》。

325 ●它位于埃蒂安·马塞尔街29号，那里有一块纪念牌。

326 ●“佩尚”（Perchamps）这个词的词源十分模糊。可能是从拉丁语词*pares campi*演变而来。根据某些作者的观点，这个词可能是指某个墓地。根据另一些作者的观点，这个词是指面积相等的田地（或者说平分的田地）。

327 ●1830年，建于1798年的当热斯特咖啡馆改名为红衣主教咖啡馆；但是，直到1838年，才有了黎塞留的半身像。

328 ●1855年8月20日，维多利亚女王主持了以她名字命名的大街的通车仪式。

329 ●鸢街20号（4区）挂着一块牌子，尚佩涅就是在这座房子里离开了人世。

330 ●这个街名是巴黎地名中的众多不解之谜之一。大部分人认为“昂维耶热”（Envierges）这个词是旧词envigné的变体，因为这个地区当时有葡萄园。[1]

1 vigne 有“葡萄园”之意。

331 ●巴黎的送水工消失于哪一年?

332 ●皇冠街(20区)的街名从何而来?

333 ●巴黎哪条路最宽?

334 ●里沃利街建成用了多长时间?

335 ●何时何地举办了(巴黎)第一次在世艺术家画作公展?

336 ●何时何地举办了(巴黎)第一次赛马比赛?

331 ● 1872年，巴黎最后的送水工（用木桶槽车送水）消失。“背水”的送水工在此之前就已经成为记忆。

332 ● 这条街（20区）与三皇冠街（11区）一样，之所以得此名字，是因为一块名为“三皇冠”（美丽城、梅尼蒙当和丁香镇）的标牌。[1]

333 ● 福煦大街，最宽处有120米。

334 ● 里沃利街于1802年规划完毕，1810年开始施工，直到1835年才通车。正是在这一时期，街上建设了连拱廊（从254号到186号）。1852年，这条街重新开始施工，1856年与圣安托万街连通。里沃利街长2950米，为了建设它，拆除了40条街、500座房子，花费了5000万金法郎。

335 ● 第一次绘画公展于1667年在皇家宫殿的庭院里举办。画作被挂在墙壁上，上面有挡雨板遮挡。

336 ● 第一次赛马比赛于1651年5月15日在米埃特城堡举行。

1 美丽城、梅尼蒙当、丁香镇都在丘陵之上，三个丘陵形成了类似皇冠的形状。

337 ●拉佩街的街名从何而来?

338 ●巴黎哪一座剧院在75天内就建成了?

339 ●圣马丁门剧院先后用过哪些名字?

340 ●阿梅莉街的街名从何而来?

341 ●巍山街和美景街的街名从何而来?

342 ●哪一年在巴黎街道拐角处设置起了现在的路牌(蓝底白字)?

337 ●拉佩街于1635年开始建设，当时那片土地属于一位名叫吉拉尔–拉佩的先生。

338 ●圣马丁门剧院仅仅用了75天时间就建成了，目的是为了安置当时遭遇火灾的巴黎歌剧团。因为大家普遍怀疑它的坚固度，1781年10月25日，剧院举行落成仪式时，办了一场免费的公众演出。这是一次对剧院的“试验”，结果令人满意。1871年之前，剧院一直都存在。那一年，即巴黎公社时期，剧院发生了火灾。1873年，剧院重建。

339 ●1794年之前，圣马丁门剧院一直都叫作歌剧院。1794年改名为圣马丁门剧院。1807年到1810年，剧院关闭。再次开放时，改名为体操游戏剧院，1815年又改名为圣马丁门剧院。

340 ●这条街始建于1772年，1832年完工，1859年通车。阿梅莉是土地所有人之一皮昂·德·拉福雷的女儿。

341 ●巍山街尽头是一座名为“巍峨之山”的小丘——在那里可以看到“美景”，而美景街正位于这座小丘的顶上。

342 ●1844年。

343 ● 皇家宫殿的小炮台始于哪个年代?

344 ● 海军上将街（18区）的街名从何而来。

345 ● 为什么卢浮宫花园有一部分被叫作公主花园?

346 ● 哪一座商场由埃菲尔设计建造?

347 ● 19世纪上半叶，巴黎的赛马比赛在哪里举行?

348 ● 圣奥诺雷城郊街为什么没有13号?

343 ●皇家宫殿的小炮台于1786年设立，恰好在巴黎子午线上。

344 ●1873年，这条街被冠以此名，是为了纪念布尔热之战（1870年12月23日）中指挥海军陆战队的军官们。

345 ●1722年到1725年间，与路易十五订婚的西班牙公主曾住在卢浮宫花园的这个地方。这里之所以如此命名便是为了纪念这段日子。

346 ●乐蓬马歇商场[1]于1876年由路易-夏尔·布瓦洛和古斯塔夫·埃菲尔设计建造。

347 ●1819年8月21日至22日，战神广场第一次举办赛马比赛，但并不成功。1833年法国赛马促进会成立之前，比赛一直都在举办，不过公众反应冷淡。直到第二帝国时期，比赛才从战神广场迁到了新的欧特伊赛马场。

348 ●第二帝国时期，圣奥诺雷城郊街重新编门牌号，13号正好是欧仁妮皇后的理发师费利克斯的家。据说皇后很迷信，反对这件事，于是13号变成了15号。

1 “蓬马歇”（bon marché）意为“廉价的，便宜的”。

349 ●罗特席尔德死胡同位于何处？它的名字从何而来？

350 ●1903年，巴黎有多少辆汽车？

351 ●圆顶街（16区）的街名从何而来？

352 ●1540年8月25日，纪尧姆·比代在哪里去世？

353 ●1789年，巴黎有多少座宗教建筑？

354 ●巴黎以前的停尸房建于哪个年代？位于哪个地方？

349 ●它位于圣旺大街16号。罗特席尔德是汽车租赁者的姓氏，他的店就开在这个地方。

350 ●1903年，巴黎有18 000辆汽车。当时各种各样的交通车辆共有90 000辆。

351 ●这条街在1885年得此名字，因为从这条街上可以看到远处荣军院的圆顶。

352 ●圣马丁街203号B楼挂着一块纪念牌。1540年8月25日，人文学者纪尧姆·比代在这里去世。

353 ●当时，有160座大小教堂、11座修道院、123座女修院，总共大约300座宗教建筑，其中超过四分之三的建筑已经被拆除。

354 ●西岱岛上的停尸房建于1861年至1863年，建筑设计师是吉尔贝。1804年之后，它迁到了新市集的一家肉店，此前一直都在沙特莱。

355 ●枯树街的街名从何而来？

356 ●哪一栋位于林荫大道的楼里71年间只有一个住户？

357 ●赛义德别墅（16区）的名字从何而来？

358 ●1819年至1849年，雷卡米耶夫人所住的森林修道院位于哪个地方？

359 ●圣普拉西德街和圣罗曼街（6区）的街名从何而来？

360 ●18世纪的谷物交易所位于哪个地方？

355 这里所说的“枯树”其实是一个绞刑架。

356 鱼贩林荫大道17号有一座比较隐蔽的楼，1835年到1906年间只有一个住户。一位姓罗维尼的夫人一个人占了这一栋楼。在生命最后的日子里，她隐居于此。

357 这座别墅的名字源于赛义德帕夏[1]。1854年至1863年，他是埃及总督。（别墅的主人曾是苏伊士运河的一位承包商。）

358 森林修道院位于塞夫勒街12号以及雷卡米耶街奇数门牌号那一侧，1908年被拆除。

359 普拉西德·鲁塞尔和罗曼·罗代耶是圣日耳曼德佩修道院的院长，他们的名字分别被用于命名这两条街。

360 谷物交易所建于1762年至1767年。它所在的地方以前是卡特琳·德·美第奇在1572年建造的公馆，公馆在1749年被拆除。1811年，谷物交易所着火，第二年重建（圆顶和喷泉便是建于这一年）。1888年到1889年间，这座楼被改建为商品交易所。

1 “帕夏”（Pacha）意为“总督”。

361 ●商品交易所后面的圆柱是什么?

362 ●1811年8月31日，布干维尔在哪里去世?

363 ●双税桥的名字从何而来?

364 ●彗星街的街名从何而来?

365 ●巴黎古城墙还存在的时候，大门、侧门和边门有什么区别?

366 ●在世艺术家博物馆（卢森堡博物馆）何时落成?

361 商品交易所后面的圆柱是卡特琳·德·美第奇公馆最后的遗迹。它以“星象图”这一名字为人所知。据说，王后的占星师曾在这个地方观测星象。有些作者把它看作是纪念亨利二世的建筑。

362 航海家布干维尔在银行街5号的房子里去世，那里挂有一块纪念牌。

363 这座桥建于1626年至1632年间。1634年开始，过这座桥必须交过桥税，如果一个人骑着马过桥，还必须再交一份税。这就是为什么这座桥会叫这个名字。1881年至1885年间，这座桥得以重建。

364 彗星街（7区）之所以叫这个名字，是因为有块纪念1763年出现的彗星的纪念牌。

365 国道（即皇家大道，当时城墙刚建好）穿过的是大门，省道穿过的是侧门，村道穿过的是边门。

366 1818年4月24日。

367 ●布朗雄是谁？他的名字被用于命名巴黎的一条街和一座门。

368 ●巴黎地铁线上有一块纪念牌。这块牌子在哪里？

369 ●17世纪末，第一所免费学校在哪一座房子成立？这座房子至今还存在。

370 ●圣日耳曼德佩附近哪个地方有一块决定了街名的18世纪石刻？

371 ●巴黎哪一座房子上可以看到这样一行字——“爱是原则，秩序是基础，进步是目的”？这句话总结了奥古斯特·孔德实证主义的宗教信条。

372 ●巴黎在哪一年进行了第一次人口普查？

367 ● 他是一位法国军官，1855年在马拉霍夫遇袭时被杀害。

368 ● 圣保罗地铁站和巴士底地铁站之间，往万塞讷方向，道路右侧，可以看到一块牌子，上面标记着巴士底狱的位置。

369 ● 公主街12号至今还有一座房子，圣若翰·喇沙在那里建立了第一所免费学校（1688—1707）。

370 ● 小鸭街18号有一块18世纪的石刻，上面雕着四只小鸭。街名正是由此而来。

371 ● 这行字刻在帕耶纳街5号人道教教堂的墙上。这是一座18世纪的房子，1846年，克洛蒂尔德·德·沃在这里去世。在房子外立面上，可以看到哲学家的半身像以及克洛蒂尔德·德·沃的“神秘”画像。

372 ● 巴黎于1800年进行了第一次人口普查，人口共计547 756人。17年后进行了第二次人口普查，人口共计713 966人。

373 ●沙尔尼公馆位于何处？它最有名的一位住户是谁？

374 ●哪一座民用建筑上面有一个42米高的圆顶？

375 ●1867年的巴黎世界博览会有多少游客？

376 ●哪一座现代建筑上可以看到浴火重生的凤凰？

377 ●巴扬是谁？他的名字被用来命名17区的一条街

378 ●弗阿街的街名从何而来？

373 ●这座房子位于博特雷伊街20号与22号。1858年，波德莱尔曾住在那里。

374 ●1865年，商事法院迁移到专门建造的大楼里。这座大楼建于1859年至1864年间，位于皇宫大道。它的上方有一个42米高的圆顶，在上面正好可以望到远处的塞瓦斯托波尔大道。（顺便说一下，皇宫大道和圣米歇尔大道并没有与右岸的林荫大道在一条笔直的线上。）

375 ●1867年世界博览会——巴黎举行的第二次国际博览会，游客共计2999.8万人。第一次博览会，即1855年的那次，游客只有516.233万人。之后，1878年的世界博览会，游客大约有4000万人。

376 ●福煦大街22号。这是1893年为凤凰商社建造的大楼。

377 ●皮埃尔·巴扬（1725—1798）与拉瓦锡都是现代化学的创立者。

378 ●弗阿街以前叫弗厄街（“饲料”这个词就源于“弗厄”），[1] 之所以叫这个名字，是因为中世纪时期学校的地上铺着稻草，学生们可以坐在上面。

1 “弗阿”（fouarre）与“弗厄”（feurre）在古法语中的意思是“草料、稻草”。“饲料”一词拼写为 fourrage。

379 ● 装饰圣叙尔皮斯教堂的红色、绿色大理石是从哪里来的？

380 ● 巴黎哪一座教堂的第一块石头是由幼年的路易十四铺设的？

381 ● 圣宠谷医院的名字从何而来？

382 ● 商事裁判官街的街名从何而来？

383 ● 肖蒙小丘公园在哪一年落成？

384 ● 布歇是谁？他的名字被用于命名1区的一条街。

379 ● 这些大理石原是马尔利城堡人工瀑布的台阶。路易十四去世后，摄政时期，瀑布被拆除。

380 ● 圣宠谷教堂是按照路易十三的意愿建造的。他结婚20年后才有了孩子。1645年4月1日，当时年仅6岁的路易十四为教堂铺上了第一块石头。

381 ● 圣宠谷医院（1795年医院只为军人服务）之前在圣宠谷修道院（即距巴黎12公里的深谷修道院）的一座女修院里。

382 ● 大革命之前，商事裁判官们曾聚集在圣梅里隐修院。[1]商事裁判法庭后来成了商事法庭，1826年被设在巴黎证券交易所的二楼。

383 ● 肖蒙小丘公园在1867年5月1日正式落成，正是世界博览会开幕那一天。

384 ● 问题中提到的布歇并不是画家布歇，而是巴黎的一位副市长（1773—1778在任）。1776年，布歇街在巴黎造币厂所在的位置建成。

1　商事裁判官街位于圣梅里教堂东南侧。

385 ●1863年9月17日，阿尔弗雷德·德·维尼[1]在哪里去世？

386 ●巴黎哪一条街是以国民自卫军一位上尉的名字命名的？路易·雷博在《热罗姆·帕蒂罗》这部作品中赞扬了国民自卫军。

387 ●巴黎哪些剧院的所在地以前是墓地？

388 ●“美丽的荷兰女人”住在哪里？她是巴尔扎克笔下萨拉·高布赛克的原型。

389 ●“十二月二日政变”[2]发生时，维克多·雨果、阿拉戈、曼努埃尔等人聚集在哪一座房子里？

390 ●布列纳公馆位于何处？

1 维尼（1797—1863），法国浪漫主义诗人，出身贵族，是保王党人。

2 即路易·波拿巴政变，详见第237则注释。

385 ●阿尔弗雷德·德·维尼在阿图瓦街6号的房子里去世，房子上挂有一块纪念牌。

386 ●布塔雷尔街（4区）的街名源自国民自卫军一位上尉的名字，在路易·菲力浦时期，这一部队被认为是精英部队，而且是巴黎最优秀的部队。路易·雷博曾在作品《热罗姆·帕蒂罗》中赞扬过这支部队。布塔雷尔街建成于1846年。

387 ●体操剧院（1820年）所在地以前是佳音墓地；建于1869年的沃德维尔剧院（已经被拆除，现在是派拉蒙电影院），其所在地以前是索马里瓦公馆，再之前是圣罗什墓地。

388 ●她住在小田街13号至35号的房子，这座房子建于1640年到1660年间。1814年11月14日，“美丽的荷兰女人”在这条街17号被杀，她是巴尔扎克笔下萨拉·高布赛克的原型。

389 ●“十二月二日政变”发生时，维克多·雨果、阿拉戈与曼努埃尔等人聚集在布朗什街70号科庞男爵夫人家。

390 ●这座房子位于多特维尔街58号的院子里，建于1787年。1801年至1824年间，布列纳[1]住在这里。（当时的室内陈设被保留了下来，在特定的时间里可以参观。）

1 布列纳（1769—1783），法国外交官，曾任拿破仑私人秘书。

391 ●1684年10月1日，高乃依在哪里去世？

392 ●小神父广场（2区）的名字从何而来？

393 ●圣母得胜大教堂是为了纪念哪几次胜仗？

394 ●1892年10月3日，让·安托万·维尔曼在哪里去世？他发现结核病可以传染。

395 ●巴黎哪些街以曾经的副市长的名字命名？

396 ●为什么巴黎证券交易所对面的沃德维尔咖啡馆同已经消失的一家剧院的名字一样？这家剧院所在的地方现在是派拉蒙电影院。

391 高乃依去世的房子位于现在的阿让特伊街6号。

392 赤足奥古斯丁派（别称“小神父”）女修院曾经位于这个地方。圣母得胜大教堂是它以前的小教堂。

393 这座圣母院是为了纪念路易十三打过的胜仗，尤其是1628年的拉罗谢尔围城战。这座教堂建于1629年到1659年间，1737年到1740年间全部重建。

394 维尔曼在贝勒沙斯街31号去世，房子上挂有一块纪念牌。

395 布歇，比福，肖沙，达瓦尔，马特尔，里歇尔，圣萨班。1764年至1789年间，这些巴黎的副市长在他们在世的时候就以自己的名字命名巴黎的街道。这是当时的一种潮流，每一位副市长都想要属于自己的街；城市的书记官，比如布德罗、泰布，也有同样的爱好。巴比耶街、德拉图尔街、德瓦雷纳街、艾斯蒂安街、梅西耶街、索利街以及特吕东街，这些街名都是如此得来。时至今日，它们有些被拆掉了，有些被改了名。

396 1830年到1869年间，维维恩街27号正是沃德维尔剧院所在地，旁边的咖啡馆至今还沿用同一个名字。[1]

1 巴黎证券交易所当时的所在地布隆尼亚宫（Palais Brongniart）在维维恩街16号，对面是这条街的27~31号。

397 ●拉雪兹公墓的焚尸炉建于哪一年？

398 ●圣日耳曼奥赛尔教堂的排钟始于哪一年？

399 ●渡船街的街名从何而来？

400 ●巴黎最早对房子试编号是在哪一年？

401 ●容基埃街的街名从何而来？

402 ●哪一座歌舞俱乐部所在地以前是一所学校？

397 ●拉雪兹公墓的焚尸炉建于1887年。

398 ●1898年。

399 ●街名源自1550年设在皇家桥那个位置的一艘渡船。替代它的皇家桥建于1685年至1689年间。

400 ●1436年，圣母桥上的房子被编了号。它们看起来一模一样，漆着各种各样的颜色，拱形的窗户装饰着彩绘玻璃。1500年到1507年间，圣母桥重建时，新建的房子也一模一样，它们再一次被编号，从I编到LXVIII，每一侧有34幢。大革命发生前几年，这些房子被拆除。（参见于贝尔·罗贝尔的画作，藏于巴黎历史博物馆27号厅。）

401 ●1890年，这条街以容基埃侯爵（1680—1753）冠名。他名叫雅克·德·塔法雷尔，是中将、加拿大总督。

402 ●巴黎卡西诺俱乐部大约建于1900年，其所在地以前是一个溜冰场。这家溜冰场建于1891年。在此之前，这个地方是沙普塔尔学校（再之前是弗朗索瓦一世学院以及圣维克多私立学院）。

403 ●市立图书馆建于何时?

404 ●月台街，17区这一街名源于何处?

405 ●维勒鲁瓦公馆位于何处?

406 ●巴黎第一座铁铸的桥是哪一座?

407 ●洛雷特圣母院建于哪一年?

408 ●哪些巴黎市长曾用自己的名字命名巴黎的街道?

403 ●1878年。(同一年出现了最早的观光公共汽车以及最早试用的电灯。电灯试验在歌剧院广场、歌剧院大街、骑兵竞技广场、蒙索公园、肖蒙小丘公园进行。)

404 ●1858年，这条街被命名为月台街，因为它通向马约门站的月台。

405 ●维勒鲁瓦公馆大约建于1858年，1700年重建，位于布尔多奈街34号。

406 ●巴黎最早的铁铸桥是艺术桥和奥斯特利茨桥，两座桥都于1802年开始建造，前一座于1804年完工，后一座于1807年完工。骑兵竞技桥（1832—1834）也是铁铸的桥，但采用了波隆索创造的新的建筑方法。

407 ●洛雷特圣母院由伊波利特·勒巴斯于1823年至1836年仿造罗马的圣母大殿建造而成。

408 ●巴尔贝特（1298—1304在任）、埃蒂安·马塞尔（1354—1358在任）、纪尧姆·比代（1522—1523在任）、弗朗索瓦·米龙（1604—1605在任）、富尔西（1684—1691在任）、特吕代纳（1716—1719在任）、托里尼（1726—1729在任）、维亚尔姆领主加缪·德·蓬卡雷（1758—1763在任）、德拉米绍迪埃（1772—1777在任）、勒费夫尔·德·科马丹（1773—1783在任）、勒佩勒捷（1784—1788在任）。

409 ● 哪一座房子上的一块纪念牌是为了纪念1804年西蒙·玻利瓦尔曾在这里待过?

410 ● 皇家宫殿有一座廊道是出于什么原因选择船首的小雕像作为装饰?

411 ● 1869年10月13日圣伯夫[1]在哪里去世?

412 ● 最早设计成浴场的船只出现在何时?

413 ● 第一所游泳学校建立于哪一年?

414 ● 马拉凯滨河路这一名字源于何处?

1 圣伯夫(1804—1869),法国文学批评家。

409 ● 维维恩街4号。

410 ● 皇家宫殿的船首廊道之所以有海的元素，是因为红衣主教黎塞留曾亲任法国国家海军的“航海大师”。这些东西是红衣主教宫最后的遗迹，它们始于1636年。现在的船首廊道始于1828年。

411 ● 蒙帕纳斯街11号的房子上挂着一块纪念牌，1869年10月13日圣伯夫在这座房子里去世。

412 ● 1766年。（这些船并不是冷水游泳池，而是温泉池。）

413 ● 1787年。1830年左右，巴黎有三所游泳学校，其中一所位于圣路易岛，另一所位于皇家桥，最后一所位于协和桥。塞纳河上曾经有22处冷水游泳池，其中向成人开放的泳池16座，向孩子开放的泳池6座。

414 ● 马拉凯滨河路实际上原名是“马勒-阿凯”（mal-acquest）或者“马勒-阿基”（mal-acquis）[1]，但是并不清楚为何会叫这个名字（16世纪得名）。

1 这个词的意思是，靠非法手段得来的钱财。

415 ●巴黎最窄的死胡同是哪一条?

416 ●博内街位于哪里? 这个名字从何而来?

417 ●白衣街和圣母升天会修女街之间的档案馆街以前叫什么名字?

418 ●在哪一座建筑的山墙上可以看到达卢雕刻的浅浮雕? 上面画着太阳马车。

419 ●1849年10月17日，肖邦在哪里去世?

420 ●巴黎哪一栋楼上画着一个三层高的长着翅膀的人?

415 ●萨朗布里埃死胡同（宽92厘米），它正对着圣塞弗兰街6号。现在这条胡同已经被一扇门封了起来。（顺便提一下，巴黎最窄的一条路是喷泉小巷，位于20区，只有90厘米）。

416 ●这条街的名字是以前某股泉水的名字，泉水以其清澈出名[1]。这条街从圣心大教堂后的拉巴尔骑士街延伸出来，直到贝克雷尔街。

417 ●肖姆街（词源不明）。档案馆街的这一段有一座圣父恩慈会女修院（至今依然存在，在45号）以及克利松公馆，这座楼建于1380年。（1553年至1704年间更名为德吉斯公馆，58号还剩下这座楼的一扇门。）

418 ●在新宫的山墙上可以看到这件作品。这座大楼建于1895年，位于克里尼昂古尔街24号。大门每一边上的雕像都出自法尔吉埃之手。

419 ●旺多姆广场12号的房子上挂有一块纪念牌。1849年10月17日，肖邦在这里去世。（12号的房子建于1709年，1858年全部重建。1839年到1866年间，俄国使馆设立在此。19世纪末，苏伊士运河公司设立在此。）

420 ●这座楼位于图尔比戈街57号（3区）。

1 “博内”（bonne）有“美好”的意思。

421 ●里尼街（8区）的街名从哪里来？

422 ●第一届法国工业产品展在何时何地举办？

423 ●小球街的街名从何而来？

424 ●巴黎第一家餐馆出现于哪一年？

425 ●沙地广场在哪一年变成了市政厅广场？

426 ●市政厅建立于哪一年？

421 ●亨利·戈蒂埃是里尼伯爵，他在1827年10月20日纳瓦里诺海战中指挥法国海军作战。

422 ●1798年。根据当时的情况，战神广场的工业展览馆周边搭建了60座连拱廊。1801年和1802年间，展览在卢浮宫的大院里举行，1816年在荣军院前面的空地举行，1819年和1823年在卢浮宫剧院举行。

423 ●这个名字源于16世纪一项很流行的运动项目的名字，就是用弹弓把铅珠（小球）弹出去。

424 ●第一家餐馆成立于1766年，在普利街。那里主要出售“餐馆”菜式，也就是“王子肉汤”。传统的饭店只在固定的时间给旅馆的客人提供饭菜。与它们不同，餐馆全天营业，但只提供蔬菜汤、鸡蛋、面饼以及“轻食”。这种区分随着大革命的发生消失了。

425 ●1830年。1310年至1832年间，沙地广场是行刑的地方。

426 ●以前的市政厅建于1533年至1628年间，经历过好几次整修，1837年到1841年间扩大了面积，1871年被烧毁。现在的建筑始建于1874年，直到1882年完工。

427 ● 18区的哪一条街上可以看到始于18世纪的一座鸽巢塔楼?

428 ● 哪一条街曾被叫作“鼠街”? 至今还有一处古旧铭文证明此事。

429 ● 为何会建立韦罗-多达拱廊街?

430 ● 有名的女投毒犯拉瓦赞所住的房子位于何处?

431 ● 圣德尼街的拐角处、列奥米尔街63号的房子有何特殊之处?

432 ● 帕斯图雷尔街和布列塔尼街之间的那一段档案馆街以前叫什么名字?

427 马尔加代街103号。

428 科贝尔公馆街（5区）。这处铭文始于18世纪，在这条街的8号。

429 这条拱廊街起始于布卢瓦街2号（1区），由韦罗和多达两人在1822年设计建造，这两个人是当时十分有名的卖猪肉食品的商人。这里很快就实现了煤气照明，是巴黎最早实现煤气照明的街道之一。直到1850年，这条拱廊街一直都是一个非常受人欢迎的地方。讽刺报《喧声》曾把办公室设在38号的底楼，三楼曾住过著名的女演员拉谢尔。

430 美景街23号，可以看到女投毒犯拉瓦赞的房子，她在1680年被活活烧死。

431 这座拜占庭风格（？）的房子就像是一个长64米、宽4米的壁橱。

432 这一段曾叫作红孩子街，因为弗朗索瓦一世曾在这里建立了一座名为“红孩子”的医院，这个名字后来成了这个街区的名字。这条街也曾叫作莫莱街，这是圣殿骑士团最后一位总团长的名字，因为这条街就在骑士圣殿附近。档案馆街的76号（17世纪建）、78号（大约1640年由比莱建造）、79号（路易十三的别院）有一些年代久远的公馆，90号院子里，左边还存留着1534年弗朗索瓦一世建造的圣朱利安小教堂。

433 ● 法国哪些城市在协和广场上有各自的象征雕塑?

434 ● 哪一座房子上可以看到两幅圆形浅浮雕，一幅画着马拉，另一幅画着夏洛特·科尔代?

435 ● 在哪一座特别的大楼上可以看到两幅圆形浅浮雕，一幅画着亚里士多德，另一幅画着达·芬奇?

436 ● 先贤祠是在哪种情况下建造的?

437 ● 先贤祠奠基时发生了怎样不同寻常的事?

438 ● 先贤祠建造过程中发生了怎样的事故?

433 马赛、里昂、斯特拉斯堡、里尔、鲁昂、布雷斯特、南特、波尔多。

434 圣父街40号。

435 委拉斯开兹大街7号（塞努奇博物馆）。

436 1744年，奥地利王位继承战争期间，路易十五在梅斯病倒了，向圣女热纳维耶芙祈愿。同名的教堂规划图在1757年确定。[1]

437 安放尸体的地下室于1763年建完，但是1764年9月6日国王才举行了正式的奠基仪式。因为这种情况，先竖起了一个脚手架，上面挂着一幅画，是同等大小的教堂外立面图。这样大家就可以看到教堂完工后真实的样子。

438 圣女热纳维耶芙教堂的大门和三角门楣在1775年7月完工，就是在这个时候发现建筑主体上有裂缝。苏夫洛因此遭受强烈的谴责，1780年在绝望中死去。在他去世后，工程在布雷比翁和龙德勒的指导下继续进行。大革命发生前夕，工程基本结束。

1 先贤祠原为路易十五奉献给巴黎的主保圣人圣女热纳维耶芙的教堂，法国大革命后改作供奉名人的公墓，称先贤祠（见第441则、第443则、第444则）。

439 ●在哪个地方可以看到并列放着的两位发明家的雕像？两人取得的成果正好相隔100年。

440 ●巴黎典当行成立于哪一年？哪一年开始，它改名为市信贷社？

441 ●圣女热纳维耶芙教堂在什么时候变成了先贤祠？

442 ●最早进入先贤祠的名人有哪些？

443 ●从拿破仑时期到第三共和国，先贤祠经历了怎样的变化？

444 ●圣女热纳维耶芙教堂在哪一年、因为什么原因又变成了先贤祠？

439 ● 在法国国立工艺学院的院子里并排放着德尼·帕潘和尼古拉·吕布兰的雕像，前者“在1690年发明了蒸汽机”，后者“在1790年从海盐中提取了纯碱”。

440 ● 典当行成立于1777年，1919年后改名为市信贷社。

441 ● 1791年4月4日，制宪议会颁布法令将教堂改为先贤祠。教堂上刻的碑文“国家感谢伟大的人”由帕斯托雷侯爵提出。

442 ● 米拉波（1793年移出）、伏尔泰、勒佩勒捷·德·圣法尔若、马拉（1794年移出）、卢梭。

443 ● 1806年，这一建筑正式更名为圣女热纳维耶芙教堂（实际上是在1822年）。就是在那个时候，格罗绘制了穹顶（1811—1823）。1830年，教堂又变成了先贤祠（大卫·德昂热设计了三角门楣，1831—1837）。1851年，先贤祠又变成了教堂。

444 ● 1885年，因为维克多·雨果的骸骨被迁入其中，教堂又变成了先贤祠。

445 ● 西拉诺·德·贝热拉克[1] 葬于何处?

446 ● 1868年11月13日罗西尼[2] 在哪里去世?

447 ● 他在哪里度过了生命最后一段时光?

448 ● 1929年11月24日，克列孟梭在哪里去世?

449 ● 以前的科尔德利耶学院还剩下什么遗迹?

450 ● 何时何地，“美式饮料”第一次在巴黎上市?

1 贝热拉克（1619—1655），法国作家，代表作有科幻小说《月球上的国家和帝国的趣史》《太阳上的国家和帝国的趣史》。后有剧作家创作出以他为原型的戏剧，使其以“大鼻子情圣”的形象闻名。

2 罗西尼（1792—1868），意大利作曲家，作品以歌剧为主。

445 ● 西拉诺·德·贝热拉克于1655年去世，葬于一座多明我会的女修院，这座修道院现已拆除，曾经位于沙罗纳街98号。在这条街的100号还可以看到圣灵修道院的遗迹，这座修道院建于17世纪中叶；1721年5月8日，达尔让松[1]正是在此地去世，并且葬于此地。

446 ● 罗西尼在安格尔大街5号一座独特的楼里去世，这座楼至今依然存在于叙谢大道（16区）的拐角处。

447 ● 1857年到1868年，罗西尼住在昂坦堤道街2号，房子上挂有一块纪念牌。

448 ● 从1896年到1929年11月24日去世，克列孟梭一直住在富兰克林街8号，房子上挂着一块纪念牌。

449 ● 科尔德利耶学院建于13世纪，1780年被拆除。在安托万·迪布瓦街的4号和6号以及迪皮特朗街的7号和9号，还可以看到学院的一些遗迹。

450 ● 1850年，香榭丽舍大街一家露天音乐咖啡馆首次出售“美式饮料”。这里共提供40种“全新”的饮料，每一种都有数字编号。

1 指达尔让松侯爵马克－勒内·德·瓦耶·德·波尔米（1652—1721），1697年起任巴黎警察局局长。

451 ● 圣日耳曼德佩修道院建于哪一年？又是在哪一年被拆除？

452 ● 圣日耳曼德佩修道院的修道院宫建于哪一年？

453 ● 小石街（2区）这个街名从何而来？

454 ● 巴黎第一条用电的有轨电车在哪一年、哪一种情况下开通？

455 ● 卡塞特街为何会叫这个名字？

456 ● 斗兽场街为何会叫这个名字？

451 ●圣日耳曼德佩修道院由巴黎主教圣日耳曼建于6世纪。后来修道院被诺曼底人烧毁。10世纪到13世纪，修道院重建。大革命时期，修道院再次被烧毁，1802年被拆除。修道院里的监狱始于1635年，一直留存到1857年。

452 ●圣日耳曼德佩修道院的修道院宫在红衣主教查理·德·波旁的授命下建于1586年，1699年翻修。

453 ●这条街的名字原是阿尔萨斯一座小城的名字。驻扎在那里的军队在普法战争期间一直奋力抵抗。（8月9日小城被德国人占领。）

454 ●1881年8月10日，工业宫首届国际电力博览会开幕，正是在这一天第一列用电的有轨电车开通，往返于协和广场和博物馆之间。

455 ●是因为以前有一座卡塞尔公馆，它位于老鸽巢街的拐角处。16世纪时这条街改成了现在的名字。

456 ●因为1771年5月斗兽场建成，它恰好位于斗兽场街、蓬蒂厄街、马提翁大街和香榭丽舍大街之间。这座斗兽场以罗马的斗兽场设计为参照，1778年关闭，一年后被拆除。

# 后记

您了解巴黎吗？

幸福时刻……

1936年11月23日至1938年10月26日，雷蒙·格诺每天在《不妥协报》的《您了解巴黎吗?》这一专栏向读者提三个与巴黎有关的问题。这份报纸与《巴黎晚报》是当时巴黎最重要的两份日报。

> 在这一专栏中，我们每天刊登几个问题，与我们城市非同寻常的特征相关，答案在第二天公布。这只是为了考察一下我们读者的思考能力，并不要求他们真的回答这些简单的问题。

有赖于忠实的读者以及专栏迅速取得的成功，1937年6月3日开始，为了让读者多阅读小广告，报纸改变了专栏的形式："从今天开始，我们的读者可以在广告版的最上方读到当日第二版提出的问题的答案。”1937年1月2日，格诺开始与自己的读者“对话”：“应广大读者的要求，在下一期专栏中，我们将提供一份清单，上面有46个关于巴黎道路的不同叫法。”第二天，他就列出了一份关于这些名称的清单[1]。10月31日开始，他把读者放到了专栏的核心地位，把他们提出的一些问题刊登在专栏里，但是在旁边加上“*”号。他会指出读者的错误，有时也会指出自己的错误，总之就是赋予读者十分重要的地位。与读者缔

1 “一条公共道路或者私人道路可以有以下这些不同的称呼：rue（两边有房屋的街道，本书译作‘街’——译者注，下同），passage（又小又窄的街，本书译作‘小巷’，有顶的译作‘拱廊街’），avenue（很宽的大马路，本书译作‘大街’），impasse（断头路，死胡同），square（街心公园），place（广场），villa（两边是独门别墅的街道），cité（居民楼聚集的区域），boulevard（林荫大道，本书仅将巴士底广场至马德莱娜广场之间相连的11条Grands Boulevards译作“林荫大道”，其他译作“大道”），cour（院子、天庭），quai（码头，滨河路），pont（桥），port（港，码头），allée（两边长着树木的小路，本书译作“小径”），galerie（长长的、有顶棚的、两边有商店的街道），sentier（步行街），porte（城门），chemin（比较窄的、没有浇柏油的乡野小道），sente（又小又窄的街，属于高雅词），faubourg（进出城市的道路，通常在郊区），ruelle（又窄又小的街，本书译作‘小街’），rond-point（环岛，圆形广场），hameau（小村庄），jardin（花园），péristyle（围绕建筑或者院子的柱廊），parc（公园），carrefour（十字路口），cours（两边种着高大的树木、用于步行的宽大街道），gare（车站），marché（市场），chaussée（堤道），bourse（资金或者动产交易市场），halle（有屋顶的食品市场），route（远离建筑群、专门用于汽车行驶的道路），bois（森林），palais（高大华丽的建筑），arcade（拱廊），carré（四方形空地），entrepôt（货物集散地），escalier（阶梯），esplanade（开阔的空地），palacio（豪华的住宅），passerelle（天桥），pavillon（带花园的独幢小楼），portique（柱子形成的廊道），voie（广义上的道路）。”

结关系，格诺所进行的这样一种报刊写作实践显然极具现代性。

从形式上看，这种方式脱胎于19世纪的报刊传统。如果说短小精悍的片段式写作是传媒现代性的本质特征，那么在格诺的创作中，这种方式对应着一种更加深刻的东西。因为它与当时格诺十分关注的人文研究、知识研究以及形而上的研究具有内在一致性。在专栏的传媒游戏背后隐藏着关键之所在：生活与工作，言说城市与世界，人类与自身的历史。

## 丰富而矛盾的创作期

格诺主持《不妥协报》这一专栏的两年正处于他创作的充沛期与矛盾期。他饱受哮喘病的折磨，又在接受心理分析治疗。与此同时，他在找一份收入可观的工作，又渴望文学创作被肯定——当时他尚未成名。他出版了依据自己的心理分析经历创作的诗体叙事，还有两部小说（其中一部是对超现实主义的讨伐，另一部是关于文学狂人的百科全书），执笔撰写了若泽·罗曼（José Roman）的回忆录。[1]他与《新法兰西杂志》（*N.R.F.*）以及《测量》（*Mesures*）建立了合作关系，出版了重要英文作品的译作[2]。他与乔治·珀洛尔松（Georges Pelorson）、亨利·米勒（Henry Miller）一起创办了期刊《意志》（*Volontés*），在上面发表了一系列反超现实主义的文章，这些文章的灵感主要来自对勒内·盖农（René Guénon）的阅读。在法国高等研究实践学院（École Pratique des Hautes Études），他研修了科耶夫（Kojève）关于黑格尔以及亨利-夏尔·皮埃什（Henri-Charles Puech）关于神授真

1 这四部作品分别是：《橡树与狗》（*Chêne et chien*，1937）、《奥迪勒》（*Odile*，1937）、《柠檬之子》（*Les enfants du limon*，1938）、《我在马克西姆家做猎人的回忆》（*Mes souvenirs de chasseur de chez Maxim's*，若泽·罗曼，1937）。

2 莫里斯·奥沙利文（Maurice O'Sullivan）的《青春二十年》（*Twenty Years a-Growing*，1936），辛克莱·刘易斯（Sinclair Lewis）的《不会发生在这里》（*It Can't Happen Here*，1937），威廉·萨罗扬（William Saroyan）的《我的心在高原》（*The Man with the Heart in the Highlands*，1938）……

知（Gnose）、圣依勒内（Saint Irénée）的课程。1937年夏，他撰写了《论民主的美德》（*Traité des vertus démocratiques*）一书，将30年代初《社会批评》（*La critique sociale*）中的托洛茨基分子与其1939年到1940年间日记中的怀疑论者联系在一起。1938年1月，他作为英美文学专家进入伽利玛出版社的审稿委员会，终于获得了社会的认可以及一份稳定的工作。

从历史、政治的角度看，1936年到1938年间，人民阵线建立，西班牙内战爆发，慕尼黑会议召开（这些事件都可以从《不妥协报》的头版头条了解一二，但是在格诺的专栏中完全看不到它们的任何痕迹）。从他个人角度看，他在那几年处于两次转折的过渡期，1935年转向形而上，1941年脱离形而上。[1]作为知识分子的介入、精神

1 “1935年夏，我进入了心灵之路。我是因为一些重要的原则才离开的，我想——是因为盖农……”《日记1914—1965》，1940年7月19日，A.-I. 格诺编，伽利玛出版社，1996年，第486页。

上的探寻、谋生的压力，在这种种压迫之间，格诺把自己在《不妥协报》专栏创作的经历视作真正的“幸福时刻”。

## 百科知识与“城市漫游”：“一段幸福时光”

当格诺谈及《您了解巴黎吗？》这一专栏时，他思考了写作的两个基本特征：百科式的资料收集（去法国国家图书馆寻找资料，去国家档案馆寻找资料，去行政部门咨询），以及“城市漫游”。然而，格诺很清楚，这一独特的经历对于他的存在具有十分重要的意义：“我为《您了解巴黎吗？》所做的探索是这方面唯一一件对我来说有意义的事——也就是说，唯一让我感到快乐的事。专栏被取消后，我过了很长一段时间才从失落中恢复过来。”五天后，他在自己日记中再一次提到了这件事：“这项工作让我觉得很快乐。……说实话，这是我所做过的唯一一件真正让我快乐的事。那段时间，我真的很开心。我喜欢这项工作，喜欢所有要做的事：去国图找资料，在巴黎街头漫步，调查访谈——这真的是一段非常幸福的时光——是的，幸福。”[1]

“幸福”，是的，他想以象征的方式保留其痕迹。格诺去世后，我们在他的箱子里只找到了两份资料：第一次与妻子雅尼娜（Janine）约会时所用的地铁票，以及收集《您了解巴黎吗？》专栏资料的本子。这件为《不妥协报》所做的工作在他看来是一部独立而完整的创作。而且，格诺在作品《走过大街小巷》（*Courir les rues*）的注释中也是这么表达的，他把这一创作视作当时关于巴黎整体创作的一部分。[2]

他甚至考虑将专栏拓展为《一部关于

1 《日记》，1940 年 2 月 13 日与 18 日，同上，第 438—440 页。

2 “《普莱维尔笔下的巴黎 / 白衣街》（*Paris chez Prévert/la rue des Blancs-Manteaux*）、《巴黎农民》（*le paysan de Paris*）、《娜迦》（*Nadja*）、《您了解巴黎吗？》”，《雷蒙·格诺全集》（第一卷），C. 德邦（C. Debon）编，“七星文库”，伽利玛出版社，2006 年，第 1327 页。

巴黎的编年史》。[1]就这一想法，他设想了好几个文本结构、目录，还列出了一系列参考书目以及那两年内他自己读过的217本书……这部作品最后并没有完成，但是，专栏前前后后2102个问答中包含的关于巴黎这座城市的知识始终萦绕着格诺的生活与创作。[2]

瓦朗坦·布吕（Valentin Brû）是格诺小说《生命中的星期天》中一个十分有趣的主人公，他很好地体现了上述观点。他因为完全沉浸在《嘉人》杂志的阅读中，错过了两次地铁转乘："《嘉人》想让女读者明白，她其实对巴黎，对它的历史、地形以及景点一无所知。"到了圣心大教堂，布吕"试图辨认一座座名胜古迹。埃菲尔铁塔很容易认出来，但是荣军院在哪里？凯旋门呢？先贤祠呢？军事学校呢？圣宠谷呢？圣

1 《日记》，1940 年 2 月 4 日，同前，第 435—436 页。

2 1939 年 12 月 5 日，他在日记中写道："沿着街道走着，我想起了自己为《您了解巴黎吗？》所做的'研究'。我在这条街上又看到那个找寻某些房子的自己，在另一条街寻找某一块纪念牌的自己。我经过巴－塔－克兰电影院（Cinéma Ba-ta-clan）。地名正是由此而来。这个名字源自一部与中国相关的轻歌剧，如果我没有记错的话。应该是阿莱维（Halévy）创作的。"（同前，第 412 页）。1938 年 9 月 26 日，《您了解巴黎吗？》专栏出现了这一问题："巴－塔－克兰电影院（以前是剧院）的名字从何而来？"格诺如此回答："巴－塔－克兰剧院（伏尔泰大道 50 号到 52 号），建于 1865 年。剧院的名字出自吕多维克·阿莱维（Ludovic Halévy）创作的一部戏剧中的中国玩意儿。这部剧于 1855 年在北方布夫剧院（Théâtre des Bouffes）上演。"

母得胜大教堂呢？所有这些建筑，《嘉人》杂志都揭示了它们细节上有趣的故事，而这些故事，专栏《您了解巴黎吗？》的读者都曾在《不妥协报》上读过。”[1]格诺在自己的小说创作中融入了自己“漫游巴黎”时得到的知识，所谓漫游就相当于“安提俄珀式的漫游”（antiopée）。

## 从安提俄珀到尤利西斯：奥德赛之旅

格诺在谈及诗歌《安菲翁》时这样解释“安提俄珀式的漫游”这个词的意思：都市闲游。他在作品中先后六次提到诗歌《安菲翁》：

> 安菲翁……是宙斯和安提俄珀的儿子，他在演奏竖琴的时候，石头被他感动，自己移动到相应的位

1 《生命中的星期天》，《雷蒙·格诺全集》（第三卷），P. 加约（P. Gayot）编，“七星文库”，伽利玛出版社，2006 年，第 535 页、第 536 页及注释。

置，底比斯的城墙由此而成。在这个故事里，阿波利奈尔把他描述成筑路工人的老板。多梅桑男爵（Baron d’Ormesan）创造了一种新的艺术：安菲翁艺术。这一艺术旨在以这样的方式游览城市：“刺激人的感觉，唤醒美与崇高，就像是音乐、诗歌等艺术那样。”安菲翁画出了一条条路线，将其呈现在一幅都市平面图上。就个人而言，我自己书写了大量安提俄珀式的漫游。[1]

格诺来到巴黎之后就开始在让·皮埃尔的陪伴下实践这一“新艺术”。这也正是他为《不妥协报》的专栏设计的艺术，他在一张巴黎地图上细致地标注了自己迷宫一样的行走路线。在《幸福时刻》中，他这

1 《雷蒙·格诺的广播》（*La TSF de Raymond Queneau*），1953 年 1 月 11 日，《雷蒙·格诺研究》第 1 期，C. 拉梅伊编，利蒙出版社（Éd. du Limon），1997，第 97 页。

样回忆：

> 两年间，我游览了巴黎，极其细致又满怀爱意。毋庸置疑，这是我做过的最漫长的旅行。战争爆发时（1939年），我心中暗想："唉，我好多年都没有离开过法国了……但是，我感觉自己像是做了一次环球旅行。"这是因为我曾在巴黎城里到处漫游。[1]

因此，他将自己的巴黎漫游与尤利西斯的旅行微妙地联系在一起："像尤利西斯一样做了一次漫长的旅行，这真是一件幸福的事。"这段穿越城市各个地方的旅行真可称得上是一次真正的尤利西斯式的旅行，一次启悟之旅，深深地影响了他走过的所有道路。但是，对于格诺而言，任何"一段

1 《幸福时刻》（« Un instant de Bonheur »），《蓝花》（*Fleur bleue*），第24期，1953年9月，转引自《雷蒙·格诺研究》第6期，C. 拉梅伊、E. 苏希耶编，1987年，第21页。

生命”不恰恰都是“一段尤利西斯的旅行”吗？[1]因为其间的困难难以想象，正如罗兰·特拉维（Roland Travy）——这个人物与瓦朗坦·布吕一样都是作家的代言人——所言：“穿过巴黎一条条街道，我将再次战胜我的记忆。”[2]

格诺是在阅读巴黎，从图书馆到街道。他的路线是历史的也是文学的，他的工作是为了生存也是为了心灵的宣泄。在那样一个为形而上的忧虑所统治的人生阶段，“巴黎漫游”就像是一次迷宫中的启悟之旅。与他文章透露的现实的无序性相比，格诺更喜欢百年一次的“历史更替/它覆于城市之上/痕迹若隐若现/就像是阅读晦涩的作品”[3]。巴黎是一部记忆之书。

格诺是流浪的行吟诗人，他打开了居民住宅山墙上的历史。偏僻的庭院、遗忘的

1 《对话乔治·沙博尼耶》（*Entretiens avec Georges Charbonnier*），伽利玛出版社，1962 年，第 22 页。

2 《奥迪勒》，《雷蒙·格诺全集》（第三卷），J.-P. 隆格赫（J.-P. Longre）编，“七星文库”，伽利玛出版社，2002 年，第 532 页。

3 《美好的世纪》（« Un beau siècle »），《走过大街小巷》，《雷蒙·格诺全集》（第一卷），同前，第 423 页。

街道、废弃的房屋，他重新唤醒这些被遗忘的记忆……他挖掘书本与石子中的记忆，编织自己的文本，描摹一条写作之路，只是为了生存而已。为了《您了解巴黎吗？》这个专栏，他以安菲翁的方式，走遍了巴黎每一个角落。他用文字为读者建立了一座城市，“石头被他感动，自己移动到相应的位置”。

埃玛纽埃尔·苏希耶

湖 岸
Hu'an publications®

出 品 人_唐 奂
产品策划_景 雁
责任编辑_邓 莉 史 亦
营销编辑_戴 翔 刘焕亭
美术编辑_王柿原
责任印制_朝霞午昼
书籍设计_Moo Design
内文制作_常 亭

@huan404
湖岸 Huan
www.huan404.com
联系电话_010-87923806
投稿邮箱_info@huan404.com